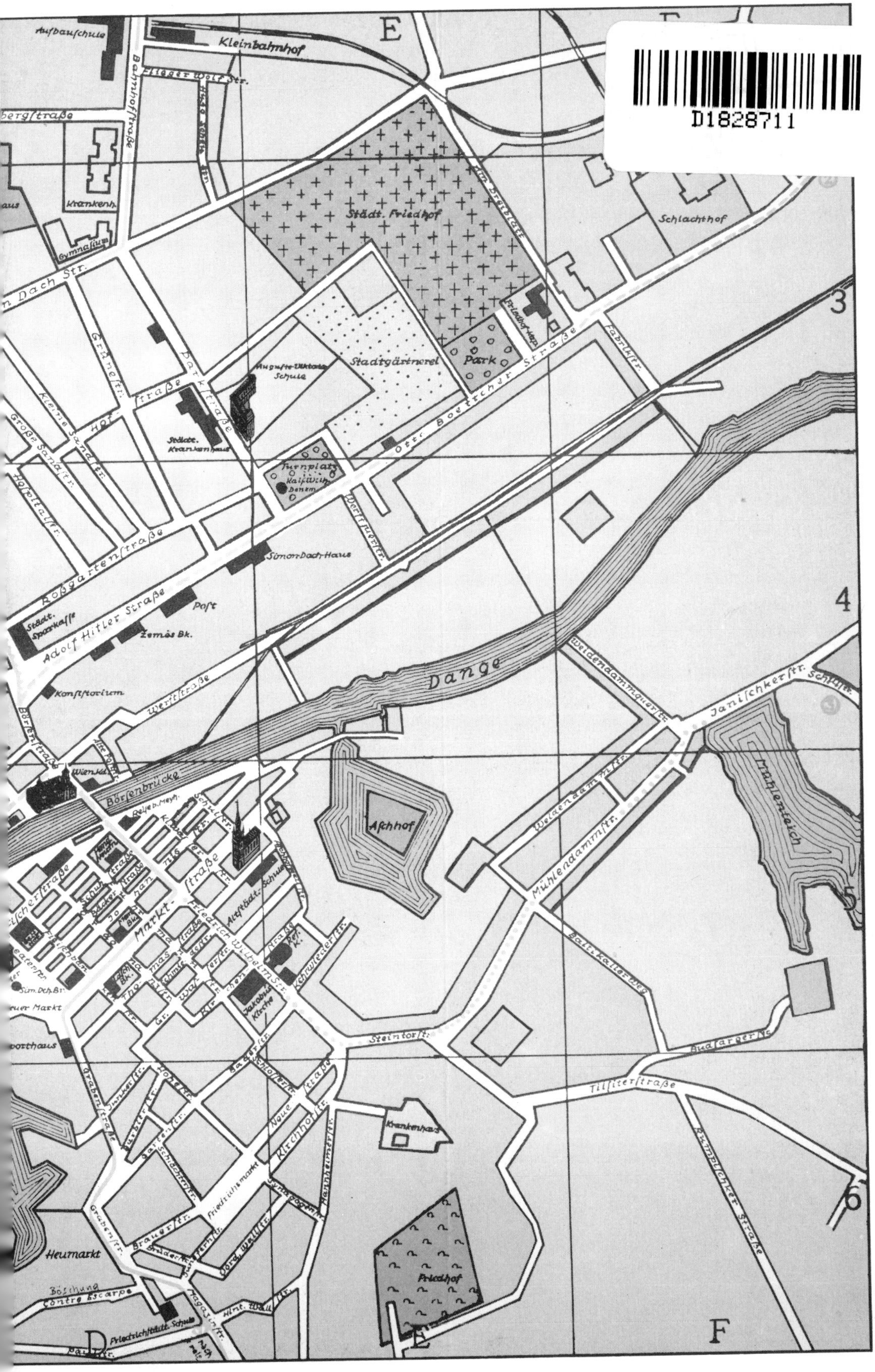
E
F
Aufbauschule
Kleinbahnhof
Bahnhofstraße
Krankenh.
Gymnasium
Städt. Friedhof
Schlachthof
Stadtgärtnerei
Park
Auguste-Viktoria-Schule
Städt. Krankenhaus
Turnplatz
Simon-Dach-Haus
Roßgartenstraße
Post
Städt. Sparkasse
Adolf Hitler Straße
Konsistorium
Werftstraße
Dange
Börsenbrücke
Aschhof
Janischkerstr.
Mühlenteich
Weidendammstr.
Mühlendammstr.
Marktstraße
Friedrich Wilhelm Str.
Altstädt. Schule
Jakobus Kirche
Steintorstr.
Tilsiterstraße
Krankenhaus
Friedhof
Heumarkt
Böschung
Contre Escarpe
Friedrichstädt. Schule
Grabenstraße
Kirchhofstr.
Friedrichsmarkt
Brauerstr.
Magazinstr.
3
4
5
6
D
E
F

Ich war in Memel
und besuchte die Kurische Nehrung

Helmut Peitsch

Ich war in Memel und besuchte die Kurische Nehrung

Erster Bericht einer Reise nach Nord-Ostpreußen

VERLAG GERHARD RAUTENBERG

Bildquellenverzeichnis:

Helmut Peitsch, Rosengarten: 21, 65, 66, 67, 68, 69 oben, 71, 72, 73 [2], 74, 75, 76, 77, 78, 79, 80, 90 [3], 91 [2], 100ff, 129

Hermann Heinemann, Hanstedt: 93

Michael Welder, Forchheim: 6

Verlag Gerhard Rautenberg (Archiv): 2, 25, 29, 37, 49, 51, 57 [2], 61 [2], 69 unten, 70, 97, 107, 111, 123, 127, 134

Die Karten auf den Seiten 39, 63, 91 und 127 stammen als Ausschnitte aus dem Großblatt 1 (Nimmersatt, Memel, Heydekrug), 1:100 000, Institut für angewandte Geodäsie, Berlin.

Der Ausschnitt aus dem Stadtplan Memel ist eine Reproduktion des Pharusplanes von 1939.

CIP-Titelaufnahme der Deutschen Bibliothek

Peitsch, Helmut:
Ich war in Memel und auf der Kurischen Nehrung:
1. Reisebericht aus Nord-Ostpreußen
Helmut Peitsch. — Leer: Rautenberg, 1987
ISBN 3-7921-0364-8

Gesamtherstellung: Druckerei G. Rautenberg, 2950 Leer,

Printed in West Germany
ISBN 3-7921-0364-8

Inhaltsverzeichnis

„Kaliningradas“ — nach Königsberg rechts abbiegen, verkündet dieses Schild an der Autobahn A 227 Wilna—Memel vor Kaunas.

Wir fahren nach Memel

Flughafen Hamburg-Fuhlsbüttel. Die erwartungsvolle Spannung hat ihren Höhepunkt erreicht. Soll es denn wirklich wahr werden? Nach 42 Jahren wieder nach Memel?

Für die meisten sind es gar 43 Jahre. So lange haben die einstigen Bewohner der nördlichsten Stadt Deutschlands ihre Heimat nicht wiedergesehen, seit den Tagen der Räumung im Spätsommer und Frühherbst 1944 — im Oktober jenes Untergangsjahres hatten die letzten Zivilisten Memel verlassen.

Schreckensszenen hatten sich in diesem Monat in den Orten und auf den Straßen des Memellandes abgespielt. Flüchtlingstrecks waren von den Panzern der vorrückenden Roten Armee überrollt worden. Fast ein Drittel der Landbevölkerung fiel den vorwärtsstürmenden feindlichen Truppen in die Hände. Tausende blieben bis heute dort. Viele von ihnen sollen nun besucht werden.

„Ich habe noch sechs Geschwister da“, sagt ein Fluggast. „Auf mich wartet meine Cousine“, ein anderer. „Und ich möchte noch einmal meine Mutter wiedersehen. Ob das wirklich klappt?“

Immer noch Zweifel. „Ich kann es selbst jetzt noch nicht fassen, daß wir wirklich nach Hause dürfen.“ — „Nein“, stimmt eine Frau zu. „Daran, daß wir noch einmal nach Memel kommen, habe ich nicht mehr geglaubt.“ — „Ja, wir werden unsere Stadt wohl wiedersehen“, sagt eine andere Reisende, Trauer in der Stimme. „Aber für meine Cousine wird es dieses Wunder nicht geben. Sie ist erblindet. ‚Ich werde meine Heimat nie mehr mit eigenen Augen anschauen können‘, hat sie geklagt. Nun, ich werde das für sie tun und ihr sagen: Ich war da!“

Die Tupolew 144, das Düsenflugzeug der sowjetischen Gesellschaft “Aeroflot“, ist überwiegend mit deutschen Passagieren besetzt. Sie hören die Bordansagen — außer in russisch, auch in ihrer Sprache. Wir fliegen über Frankfurt, eine Umleitung aus organisatorischen Gründen, dann etwa die Strecke Warschau, Wilna, Leningrad.

Ja, die Zeiten haben sich geändert, Nicht nur, was das Reisetempo und das Transportmittel betrifft; auch die Route verläuft anders als früher, geradezu entgegengesetzt.

Damals kamen die Besucher der Hafenstadt am Memeler Tief vom Südosten her, über Tilsit zumeist. Und in der guten alten Zeit nahmen sie den romantischen Postweg über die Kurische Nehrung, der von Königsberg bis nach St. Petersburg führte. Könige, Diplomaten, Kaufherren, Dichterfürsten und berühmte Komponisten waren so gereist.

Ahnungsvoll hatte August von Kotzebue, meistgespielter Bühnenautor der Klassikerzeit und umstrittener Politiker zwischen West und Ost, dort, im legendären Sandkrug am Nordende der Nehrung, das Lied geschrieben: „Es kann ja nicht immer so bleiben wohl unter dem wechselnden Mond . . .“ Nein, es ist nicht so geblieben; es hat sich total verändert!

So führt aus der gewohnten Richtung kein Weg mehr nach Memel. Nur aus dem Norden und Nordosten ist die Stadt zu erreichen. Für die angestammten Bewohner heißt das, Umwege in Kauf zu nehmen. In der Regel führen diese über Leningrad, jedenfalls, wenn sie mit dem Flugzeug reisen.

Als wir Warschau überflogen haben, schlägt das Herz schneller: Werden wir einen Blick auf Kaliningrad werfen können, das immer noch völlig abgeschlossene Königsberg an der Pregel-Mündung? Wenigstens die Umrisse der ostpreußischen Hauptstadt am Horizont erkennen können?

Doch, nein, die Erde unter uns ist zugedeckt. Ein dichter, grauer Schleier versperrt jede Sicht. Außerdem wäre es ohnehin zu weit; denn später, als die Wolkendecke aufreißt, merken wir, daß die Maschine noch jenseits der Ostgrenze der alten Provinz dahinschwebt.

Wir sind mit der Hähnchenbrust beschäftigt, überlegen, ob wir Wein, Bier, Saft oder Wasser zu dem guten Essen nehmen sollen, als sich im Dunkel der litauischen Wälder ein breiter und breiter werdender grüner Streifen bildet; in seiner Mitte leuchtet das silbrige blaue Band eines Flusses auf. Das muß die Memel sein!

Ein wenig später windet sie sich, ständig kräftiger werdend, steil nach Norden. Nun sieht sie schon wie ein starker Strom aus, der einst unübersehbare Mengen Holz trug und zur Verarbeitung bis nach Tilsit und Memel — zuletzt über Mündungsflüsse und Haff — schaffte.

Und wie ist es heute um ihn bestellt — aus der Nähe gesehen? Das werden wir wohl kaum feststellen können; denn er ergießt sich weit vor Memel ins Haff. Auf unserer Route liegt er nicht, jedenfalls nicht im alten Memelland. Oder doch? Nein, daran glaubt wohl niemand, daß wir „bis an die Memel" kommen werden — zu viel besungen, verschrien für alle Zeit? Obwohl doch Hoffmann von Fallersleben hier keinesfalls übertrieben hatte; denn die Memel war — sobald sie in unser Land kam — ein deutscher Fluß, nicht Deutschlands Grenze.

Die Großmachtträume eines anderen Landes, die Eroberungslust seines „größten Führers aller Zeiten" endete an dem Fluß zur Rechten, den wir fast nur erahnen können. Es ist die Beresina, wo im November des Jahres 1812 Napoleon auf grausame Weise zu spüren bekam, daß man in den Weiten Rußlands vorübergehend siegen, aber einen Krieg nicht gewinnen kann. Ein Lehrbeispiel, daß 130 Jahre später so schmählich mißachtet wurde.

Wieder gleiten wir über ein blitzendes Flußband, die Düna. Dort, rechts unter uns, das muß Dünaburg sein, die alte Feste und Handelsstadt mit der wechselvollen Geschichte, wie sie hier nicht selten ist: 1278 deutsche Ordensburg, 1561 polnisch, 1772 russisch, 1920 lettisch, seit 1944 zur Sowjetrepublik Lettland gehörend.

Weißquellende Kumuli setzen Tupfer wie Getreidehocken darüber, oder sind es himmlische Ausrufungszeichen? Die schönen Wolken halten aber nicht, was sie zu versprechen scheinen. Als wir auf dem Flughafen von Leningrad, Pulkovo, ausrollen, regnet es. Es ist schon dunkel; hier sind wir zwei Stunden weiter als bei uns. Die Uhren gehen anders in dem Land, in dem wir nun sind.

Leningrad — Metropole zwischen Gold und Rot

Leningrad — Metropole zwischen Gold und Rot. Glanz und Abglanz großer Epochen. Hauptstadt St. Petersburg und Revolutionstatort. Peter der Große, Gründer der einstigen Hauptstadt allerorten — bis hin zu seiner letzten Ruhestätte in der Peter-Pauls-Kathedrale. Wladimir Iljitsch Lenin, 70mal auf dem Denkmalspodest, überall seine Spuren, auf dem Finnischen Bahnhof, am Kreuzer „Aurora" und im Winterpalais — dramatische Stationen der größten Revolution der Weltgeschichte.

Sieht man die Pracht der Zaren-, Großfürsten und Fürstenschlösser, die mehr Gold als die armen Leute Brot hatten, so begreift man, daß sich dieses Volk auflehnen mußte. Nun ist alles „volkseigen", völlig verändert, aber auch wirklich besser?

„Mein Haus soll ein Bethaus sein", steht immer noch über dem gewaltigen Portal der Isaaks-Kathedrale. Aber es wird nicht mehr gebetet in diesem prunkvollen Kuppelbau, jedenfalls nicht öffentlich. Die Besucher kommen als Museumsgäste — „die meisten Kirchen bei uns funktionieren nicht mehr", hören wir. War in diesem Rausch von Gold, Marmor, Halbedelsteinen, Ikonen überhaupt jemals Gottes Wort zu vernehmen?, fragt sich der Gast aus einer anderen Welt.

400 000 Menschen arbeiteten 40 Jahre an diesem Bau, viele starben allein beim Vergolden der gewaltigen Kuppel. War es das alles wert?

Gold auch auf den Spitzen der Admiralität, der Peter-Pauls-Kathedrale, wo Peter der Große und fast alle Zaren begraben liegen und der Zarewitsch des Stadtgründers nebenan in der Festung verschmachtete; Gold auf den Kuppeln von Peterhof, Smolny-Kloster und Winterpalais.

Der Besucher ist geblendet vom Gold — und blickt doch immer wieder auf Frauen im Silberhaar, die in gebückter Haltung die Straße fegen. Oh, Mütterchen Rußland, kannst du deinen Töchtern, den altgewordenen und ergrauten, nicht dieses Los ersparen!

Die 1000 Zimmer der einstigen Residenz am Schloßplatz sind heute ein Teil der Eremitage, der weltberühmten Gemäldegalerie.

Wie ist den Fremdenführern eines atheistischen Staates zumute, die ihrer Gruppe fortlaufend Bilder aus der biblischen Geschichte erklären müssen?

Wie war mir zumute, als unserer Begleiterin auf ein Soldaten-Porträt in Blücher-Pose wies und sagte: „Das ist der Zaren-General Bagration." Das war der Mann, der mit dem Preußen Scharnhorst die Schlacht bei Pr. Eylau gegen den großen Napoleon geschlagen hatte, und Pr. Eylau war meine heimatliche Kreisstadt, und nach Scharnhorst war die Schule benannt, die ich dort besucht hatte. Im Louvre hängt ein Bild von dieser schweren Bataille, und eine Pariser Straße heißt Rue de Eylau.

Fast hätte die Weltgeschichte dort eine Wende erfahren; denn die Sache der Verbündeten stand gut, und sie hätten die Franzosen besiegen können, wenn sie nachgesetzt hätten. Aber die Russen zögerten, eben dieser Bagration, und so endete die Schlacht nach dem Urteil der Geschichte unentschieden. Pr. Eylau aber gehört heute zur russischen Sowjetrepublik und heißt Bagrationovsk.

„Ich komme aus Pr. Eylau", sage ich zu der Führerin. „Aha", meint sie schmunzelnd, „dann sind Sie ein Nachfolger von Bagration." „Oh, nein", erwidere ich, „ich bin ein Vorfahre; denn Pr. Eylau war vor Bagrationovsk." Sie blickt mich verständnislos an. Wie kann man auch mit einem Wortspiel die wechselvolle und tragische Geschichte erklären!

Wieder in der Gegenwart, geht es im Eiltempo zurück zum Hotel, vorbei an den Prachtbauten einer großen Ära, den Newskij-Prospekt südwärts, ständig flankiert von quirlenden Menschenmengen, prominierend, diskutierend, gelegentlich eine kleine Schlange bildend. Geschäfte und Läden sind kaum auszumachen. Auslagen Mangelware, und wie's da drinnen aussieht, wissen wir inzwischen auch; ein spärliches Warenangebot und großer Käuferandrang.

Alkohol gibt es grundsätzlich erst ab 14 Uhr. Gorbatschows Feldzug gegen die Trunksucht ist allerorten spürbar. Auch in unserem Hotel „Pulkovskaya". Daß das Wasser stark eisenhaltig ist, macht die Sache nicht angenehmer. So heißt es bald: „Essen gut — Trinken schlecht." Aber das ist sehr vereinfacht und gilt nur für den Neuankömmling. Bald weiß sich der Kenner selbst zu versorgen — gegen

D-Mark. Drei Mark fünfzig kostet die Dose bayrischen Biers. In einem Hotel entdeckten wir sogar die unverblümte Aufschrift „Hard currency bar" — Hart-Währungs-Bar.

„Wollen Sie Geld tauschen?", fragt uns der Ober. „Ich gebe einen Rubel gegen eine D-Mark."

Wir wollen nicht. Offiziell haben wir zwar mehr als das Dreifache zahlen müssen; aber das schwarze Geschäft erscheint uns zu gefährlich. „Warum?", fragt der Ober. „Alle tauschen."

Nein, nein, wir wollen nichts riskieren, nachdem es bisher so glatt gegangen ist. Auch die Angst vor der Zollabfertigung war unbegründet. Ich brauchte nicht einmal den Koffer zu öffnen. Einer freilich mußte sogar Schuhe und Strümpfe ausziehen, um seine zollamtliche Unschuld zu beweisen.

Vor alledem brauchen wir uns nun nicht zu fürchten, da es erneut zum Flughafen Pulkovo geht. Denn jetzt sind wir im Inland und müssen nicht mehr durch die einschlägige Kontrolle. Noch geht es nicht nach Memel, aber immerhin wieder in Richtung Süden. Die dreistrahlige Düsenmaschine trägt uns in eineinviertel Stunden nach Wilna, der Hauptstadt der Sowjetrepublik Litauen.

Wilna — Herzliches Willkommen für die Reise-Pioniere

Im Pressebus wartet der Intourist-Direktor dieses Landes, Ricardas Vaigauskas, auf uns. Die zweite besondere Aufmerksamkeit dieser Art; denn seit Ankunft begleitet uns schon zusätzlich Tatjana von Intourist, extra aus Moskau angereist.

„Sie sind Pioniere", sagt er zur Begrüßung. „Denn Sie starten zu einem Unternehmen, das es bisher noch nicht gegeben hat. Ich will Ihnen dabei helfen, daß es zu einem Erfolg wird. Sagen Sie mir, was ich tun soll. Kritisieren Sie! Fragen Sie! Ich werde antworten, und ich werden Ihnen helfen, wo ich kann."

Nun, das waren gute Worte; aber wir wußten noch nicht, ob sie mehr bedeuteten als Höflichkeitsfloskeln. Daß sie ernstgemeint waren, erfuhren wir bald auf atemberaubende Weise.

Litauen ist die einzige katholische Republik der Sowjetunion. Das erfährt der Besucher der 560 000 Einwohner zählenden Hauptstadt Wilna auf Schritt und Tritt. Feierlicher Gesang erklingt aus der Kapelle der Morgenröte über dem gleichnamigen Tor in der alten Stadtmauer. Hier beginnt der Rundgang durch die sehenswerte Metropole. Blickt man aus dem Fenster unseres modernen Hotels „Lietuva" (Litauen), so reihen sich die Türme und Kuppeln der Kirchen wie an einer Schnur den weitgestreckten Hang hinauf.

„41 Kirchen haben wir", teilt die Fremdenführerin mit. „21 davon funktionieren noch. Davon sind elf katholisch, acht russisch-orthodox, eine baptistisch sowie eine Synagoge."

In der populären Peter-und-Paul-Kirche mit der verschwenderischen barocken Innenausstattung wird in polnischer und in litauischer Sprache gepredigt. Dort treffen wir Gläubige im Gebet versunken oder voller Inbrunst singend. Meistens ältere Frauen. Zu den Gottesdiensten kommen auch jüngere Leute, hören wir. Religionsunterricht wird auf Wunsch durch die Kirche erteilt. Auch Taufen und kirchliche Trauungen gibt es. Welche Rolle die Kirche und der Glaube im Leben des einzelnen wirklich spielen, ist schwer abzuschätzen. Offiziell ist ihre Existenz anerkannt, völlig getrennt vom Staat.

Schnell noch ein Blick auf die Annakirche. Sie ist der schönste Sakralbau Litauens. „Ich möchte sie auf meinen Händen nach Paris tragen und neben Notre Dame absetzen", soll Napoleon gesagt haben, voller Bewunderung und angesichts der scheinbaren Leichtigkeit dieses gotischen Meisterstücks.

Die ganze Wilnaer Altstadt scheint ein riesiger Bauplatz zu sein. „Allein 300 polnische Restauratoren haben wir für zehn Jahre ins Land geholt", berichtet Aldona Čepléjiené, stellvertretende Oberbürgermeisterin der Hauptstadt.

Sie sagt es nicht, doch es ist deutlich zu spüren: Wilna soll auch in alter Schönheit wiederaufgebaut werden, um Besucher anzulocken, insbesondere westliche, und da vor allem Westdeutsche. Bisher gab es nur 500 bis 600 Gäste aus der Bundesrepublik Deutschland jährlich, 3000 aus der DDR. Die recht lebendige Städtepartnerschaft Wilna-Duisburg spielt dabei eine Rolle.

Zwei neue Hotels sollen in Kürze in Kaunas und in Klaipéda gebaut werden, um noch mehr Gäste unterbringen zu können, erfahren wir. Klaipéda — das ist Memel, womit wir endlich wieder beim Thema wären.

Vorerst gehören Wilna und Memel zusammen, wenn es um den Besuch der Stadt an der Ostsee geht. Wurde darum der riesige Hotel-Komplex des „Lietuva" gebaut?

„Wir können noch tausende Gäste aufnehmen", erklärt Ričardas Vaigauskas, der gleichzeitig Chef-Manager dieses Super-Hotels ist.

„Wer hat das Haus gebaut?", wollen wir wissen, und wir sind voll des Lobes über die gradlinige Architektur und die geschmackvolle Innenausstattung. Viel Holz und gepflegte Zweckmäßigkeit.

„Das haben alles unsere Leute gemacht", lautet die Antwort. Unsere Leute: Das heißt: Wir Litauer selbst haben das geschafft, und wir spüren den Stolz über diese Leistung, vielleicht auch ein wenig Abgrenzung. Man ist bemüht, soviel Eigenleben wie möglich zu haben. Was angesichts des starken russischen Elements nicht einfach ist, aber wohl gerade verständlich.

Man beachte in dem Zusammenhang auch die Bedeutung der richtigen Namenswahl. Die Stadt heißt litauisch Vilnius, sprich Wilnus.

Das deutsche Wilna wird nicht unbedingt gern gehört; denn es erinnert an das polnische Wilno, und das wiederum ist historisch belastet: Seit dem 14. Jahrhundert Hauptstadt des Großfürstentums Litauen, wurde Vilnius im 16. Jahrhundert polnisch, 1795 russisch, 1918 Hauptstadt Litauens, 1920 polnisch, 1939 litauische Hauptstadt und 1944 litauische Hauptstadt in der Sowjetunion.

Endlich! Am nächsten Tag beginnt die Fahrt in Richtung Memel — Klaipéda, wie es auf den Wegweisern zu lesen ist, zweisprachig, zuerst immer litauisch, dann russisch.

Auf der neuen Autobahn — sie wurde 1974 in Betrieb genommen — geht es flott voran. Allerdings: Schneller als Tempo 100 ist nicht erlaubt. Die A 227 zieht sich schnurgerade durch das überwiegend flache Land. Auf dem Grünstreifen blühen gelegentlich sogar Blumen. Alle drei Kilometer ein Telefon, Tankstellen in größeren Abständen.

An die 300 Kilometer bis Memel, ein weiter Weg — und nichts vom Memelland zu sehen? Die Schnellstraße führt nördlich daran vorbei. Ein Jammer, so dicht und doch kein Blick hinein!

Was hatte doch der Intourist-Chef versprochen? „Sagen Sie mir, was ich tun soll . . . , ich werde Ihnen helfen." Versuchen wir's mal!

„Ich würde gern nach Heydekrug fahren", sage ich zu ihm. Wir sitzen fast nebeneinander.

„Heydekrug? Das ist doch Šilutė" (gesprochen: Schilute). „Was wollen Sie denn da?"

„Nun, es ist die zweitgrößte Stadt nach Memel", antworte ich. „Und dort ist die bedeutendste evangelische Kirche. Außerdem bekommen wir dann noch etwas vom Memelland zu sehen."

Wir reden englisch miteinander; aber die deutschen Namen spreche ich deutsch aus. Vaigauskas, der lange Jahre Presseattaché bei der sowjetischen UNO-Delegation in New York war, ist ein Mann von Welt — aber auch mit einem Gefühl für Heimat.

„Ich kann das verstehen", sagt er nach kurzem Zögern. „Aber der Umweg wäre zu groß."

Schnell hole ich meine Karte vor, ein Meßtischblatt von damals.

„So schlimm ist das doch nicht“, sage ich aufmunternd und zeige auf Heydekrug und die Route dahin. Er lacht. „Ihre Karte ist bestimmt ein Stück älter als Sie selbst. Da habe ich etwas Neueres.“ In wenigen Minuten sind wir alle mit einer gut lesbaren Landkarte Litauens versorgt.

„Sehen Sie hier!“, versuche ich es noch einmal. „Das ist doch wirklich kein großer Umweg bis Heydekrug, und Sie würden uns eine große Freude bereiten.“

„Ich kenne das Memelland“, sinniert er. „Wir nennen es Schamaitien, Niederlitauen. Ein schönes Land. Vielleicht können wir es wirklich riskieren, in Tauragė (Tauroggen) abbiegen von der Autobahn und dann in Richtung Pagėgiai (Pogegen) . . .“

Mit einem kleinen Aufschrei unterbreche ich ihn. „Da!“ Ich zeige nach vorn. „Der Wegweiser. ‚259 Kilometer bis Kaliningrad‘.“

Der erste Hinweis auf Königsberg. So nahe sind wir der alten Grenze.

„Ich weiß, daß die Menschen drüben“ — er zeigt in Richtung Süden, sowjetisches Ostpreußen — „es sehr schwer gehabt haben. Damals in der furchtbaren Zeit. Sie kamen scharenweise zu uns herüber, ausgehungert, verzweifelt. Auch meine Familie hat zwei deutsche Mädchen aufgenommen und großgezogen, bis sie in die Bundesrepublik gegangen sind.“

„Das haben Sie getan? Nach allem, was passiert ist?“

„Ja, ich habe zwei Angehörige verloren. Und es ist wahr, daß es einen Haß auf die Deutschen gab. Aber das ist längst vorbei. Niemand kann ewig hassen. Niemand darf ewig hassen. Und was die Mädchen betrifft: Kinder hassen nicht und dürfen nicht gehaßt werden.“

Wir fahren durch das ganze Memelland

Kurz vor Kaunas blicken wir wieder auf die Karte. „Wenn wir nun Heydekrug ansteuern“, beginne ich erneut. „Warum fahren wir denn nicht gleich an der Memel entlang? Das ist doch kaum ein Umweg.“ Ich bin nun kühner geworden. Vermutlich allzu kühn; denn diese Route würde durch das ganze langgestreckte Memelland führen. Natürlich weiß das auch der Intourist-Mann. Doch er lächelt nur.

In Kaunas sehen wir zum ersten Mal die Memel (Nemunas). Behaglich scheint sie in ihrem grünen Bett zu schlummern; aber aus der Nähe erkennen wir eine starke Strömung. Eilt auch das Wasser seinem Ziel zu, der Stadt am Tief, die ihren Namen trägt oder ihn doch sieben Jahrhunderte trug. Noch schneller ist unsere Fantasie: Heute abend werden wir in Memel sein. Was werden wir sehen, was vorfinden?

Die obligatorische Stadtbesichtigung wird so zu einer Geduldsprobe. Da ist die Keimzelle der heutigen 410 000 Einwohner zählenden Stadt, die Burgruine mit der Kirche St. Georg. Beherrschend durch Größe und Schönheit der „weiße Schwan“, das alte Rathaus auf dem riesigen Marktplatz. Liebevoll restaurierte Häuserzeilen an seinen Grenzen. An einer Ecke, etwas versteckt, doch innen voller Pracht, die Kathedrale, eine Bischofskirche.

Wieder fühlen wir uns unserer sehnsüchtig erwarteten Endstation näher, als wir, einige Straßenzüge weiter, das „Haus der Hanse“ sehen, einen Schatz der Gotik, ebenso wie die Annakirche in Wilna. Die evangelische Kirche heißt immer noch deutsche Kirche, obwohl sie längst nicht mehr „funktioniert“, sondern als Konzertsaal und Aula der Universität benutzt wird . . .

Dann geschieht das Erstaunliche, kaum Glaubliche!

„Wir fahren die Straße an der Memel entlang, nicht die Autobahn“, erklärt Intourist-Direktor Vaigauskas. „Autobahn ist langweilig. Durch die Dörfer, das ist schöner.“

Er sagt das fast beiläufig, so als ob es um eine ganz nebensächliche Frage der Streckenführung ginge. Für uns aber bedeutet das die Erfüllung des Wunsches aller Wünsche: eine Fahrt durch das ganze Memelland, von Schmalleningken über Memel bis nach Nimmersatt hoch im Norden, wohin wir auf der Rückfahrt zu kommen hoffen. Und immer die Memel neben uns, mehr als 150 Kilometer weit.

Bis hinter Jurbarkas (Georgenburg) fließt der Strom noch als Nemunas dahin; denn dies war auch schon vor dem großen Umbruch litauisches Land. Er scheint sich wohl zu fühlen in dem sandigen Bett. Fast ist es, als ob er sich zwischen den flachen, mit Weidengestrüpp bewachsenen Ufern wonnig hin- und herwiegt. Liebevoll umspült er kleine, hellgelbe Sandbänke und blickt zufrieden auf weite grüne Wiesen, auf denen schwarz-weißes Vieh grast.

Doch das Bild ist trügerisch. Leicht kann aus der friedlichen Idylle eine Szene des Schreckens werden. Besonders im Frühjahr, zur Zeit der Schneeschmelze, donnert der Strom dahin, als würden die Götter selbst ihn antreiben, die auf dem nahen Rombinus ihren Hort hatten. Dann ergießt sich das wilde Wasser über die flachen Wiesen, stürzt mit schrecklichem Getose in die Gehöfte, reißt alles nieder, was ihm im Weg steht, verschlingt wie ein gieriges Tier jede Beute. Dann wütet der Schaktarp, die Überflutung im Frühjahr, dann wird der Fluß, der alles Leben spendet, zum Ungeheuer.

In Kaunas haben wir an einer Markierung selbst sehen können, wie gewaltig und unaufhaltsam die Memel anschwellen kann. Meterhoch hatte sie die Häuser überspült.

„Hier war die Grenze. Nun sind wir schon im alten Memelland“, sagt Reiseleiterin Annelie, deren Stimme einen ostpreußischen Wohlklang besitzt, obwohl sie ihr Deutsch auf der Universität in Wilna gelernt hat. Daß ihre Erklärungen ohne jedes Ressentiment, sachlich, nüchtern sind, ist ebenso angenehm.

Noch sehen wir keinen großen Unterschied in der Landschaft. Kein Wunder; denn hier wie dort sind die Felder groß und weit, wie es den Staats- und Genossenschaftsgütern eigen ist. Die abwechslungsreichen Äcker der mittleren und Kleinbauern gibt es nicht mehr. Dennoch ist die Landschaft keineswegs so radikal verändert, wie es manche Berichte besagten.

„Ja, anfangs, da hatten wir noch private Wirtschaften“, berichtet der Mitreisende aus Prökuls. „Doch die deutschen Bauern wurden fast alle von Haus und Hof gejagt, auch wir, meine Eltern und wir Kinder, damals, 45. Litauer und auch Russen übernahmen rigoros die Grundstücke. Doch ihre Freude dauerte nicht lange, denn bald wurde alles kollektiviert. Und jeder, ob Deutscher, Litauer oder Russe, wurde nun Arbeiter auf seinem eigenen Grund und Boden."

Auch diesem Mann widerfuhr jenes Schicksal. Erst Anfang der sechziger Jahre durften er und seine Frau aussiedeln. Seit 20 Jahren leben sie in Bremen.

Das alte Lied kommt mir in den Sinn: „Zogen einst fünf wilde Schwäne . . ." — „Wuchsen einst fünf junge Mädchen schlank und schön am Memelstrand. ‚Sing, sing, was geschah?' — Keines den Brautkranz wand. — ‚Ja, sing, was geschah!' Keines den Brautkranz wand." Was für Schicksale hier in dieser Gegend! Aber, ist wirklich alles vorbei? „Zogen einst fünf junge Burschen . . . Keiner kehrt mehr nach Haus." Kehren sie nicht doch wieder nach Haus? Endlich, wenn auch nur zum Besuch?

„Ich bin gespannt, wie es in Prökuls heute aussieht", sagt unser Mitfahrer. „Ich hatte gedacht, da kommst du überhaupt nicht hin, nur nach Memel. Und nun fahren wir heute schon durch mein Heimatdorf."

Jetzt markieren die Gehöfte, daß wir im Memelland sind. Das typische anheimelnde Geviert von Haus, Scheune und Ställen, dazu Blumen- und Gemüsegarten, Staketenzaun — ja, so sah es einmal aus. So ist es teilweise immer noch. Andere Gehöfte sind verwahrlost, verfallen. Sind wohl verlassen. Opfer der Kollektivierung?

Dann und wann entdecken wir ein Storchennest auf dem Dach.

„Gibt es noch Störche hier?" wollen wir wissen.

„Gewiß doch", lautet die Antwort, „doch sie sind schon weg, in den Süden."

Es scheint aber, daß der Adebar hier weitaus weniger vertreten ist als im südlichen, jetzt polnischen Teil Ostpreußens. Dort in der Seen- und Sumpflandschaft fühlt er sich offenbar wohler.

„Smalininkai" — ein blaues Hinweisschild zeigt, daß wir den ersten, den östlichsten Ort des Memelgebietes erreicht haben.

Wir halten auf der Umgehungsstraße, dort, wo der beste Überblick ist. Rechts eine Birkenallee beiderseits eines Landweges, der hinten im Wald verschwindet. Links aber liegt Schmalleningken vor uns.

Ganz vorne eine alte Scheune, hinter der sich ein Häuschen und ein winziger Stall verstecken. Weiter in der Ferne lugen über dem breiten Hügel ein paar Ziegeldächer hervor. In der Mitte jedoch beherrschend Neubauten, langgestreckte, rotleuchtende Gebäude, zwei Türme. Sicher das Zentrum einer Genossenschaft, einer Agrarfabrik möchte man sagen.

Wir werden das noch häufiger erleben: Die alten Ortskerne sind verdeckt von den hohen und breiten Bauten der neuen Zeit. So fällt das Wiedersehen meistens kärglich aus.

Als wir weiterfahren, gleiten zur Linken ansehnliche Neubauten vorüber. Eine moderne Wohnsiedlung? Fragend blicken wir zur Reiseleitung.

„Das sind Eigenheime“, erfahren wir. „Sie gehören zu einer Genossenschaftssiedlung oder auch den Bewohnern ganz privat.“

„Gibt es denn das? Privatbesitz? Eigenheime?“

„Natürlich. Die Genossenschaften fördern den Bau sogar, geben günstige Kredite. Und wer tüchtig ist, verdient gut auf der Sowchose (Staatsgut) oder Kolchose (Landwirtschaftliche Genossenschaft). Der Eigenheimbau wird sehr geschätzt.“

Wir staunen, auch über den guten Eindruck, den diese Siedlung macht, ansehnlich, sauber, von gepflegten Gärten umgeben.

Unter dem Blätterdom einer alten Lindenallee geht die Fahrt weiter. Dann und wann überholen wir einen Pferdewagen, manchmal halten Frauen die Leine. Der Autoverkehr ist spärlich. Gelegentlich Radfahrer, meistens Frauen. Eine hat eine große Milchkanne an ihrem Gefährt hängen. Vor einem Bauernhof stehen die Kannen auf dem hölzernen Ständer wie Anno dazumal. Da wird also wohl privat produziert und abgeliefert.

Die Straße ist gut ausgebaut, zum Teil verbreitert, doch meistens wie früher: Baumbestanden, kurvenreich und manchmal noch den Sommerweg nebenbei. Fast möchte man sagen: Wir sind daheim.

„Werden künftig die Besucher auch diesen Weg fahren dürfen?“ frage ich.

„Smalininkai 1 Kilometer" — das Schild an der neuen Umgehungsstraße zeigt, daß wir im Memelland sind. Schmalleningken, sein östlichster Ort, ist erreicht.

Der Intourist-Chef schüttelt den Kopf. „Sie wissen, ich tue alles für Sie", sagt er und lächelt. „Aber wir müssen im Normalfall auf der Autobahn bleiben. Sie hat alle touristischen Einrichtungen wie Tankstellen, Restaurants, Rastplätze und so weiter. Hier gibt es davon so gut wie nichts. Sorry."

Schade! Es ist einleuchtend, was wir hören; aber wir haben auch schon die Erfahrung gemacht, daß hier und jetzt das Unmögliche möglich werden kann.

So mache ich einen neuen kühnen Vorstoß. Ich hole die Karte vor, die neue nun. Fahre mit dem Finger auf der vor uns liegenden Strecke entlang, bis zu dem rechtwinkligen Knick nach links, südwest.

Wir stehen vor Tilsit

„Dort liegt Tilsit/Sowetsk (sprich Sowjetsk). Nur wenige Kilometer entfernt. Können wir nicht einen Blick auf die Stadt werfen. Sehen Sie, der Kollege dort, der kommt aus Tilsit. Das verstehen Sie doch . . .“

„Oh, ja, ich verstehe“, sagt der oberste Intourist-Mann von Litauen. „Aber da endet meine Kompetenz.“

„So dicht dran und dann nicht einen Blick!“ So versuche ich es noch einmal.

Er lächelt nur, bedauernd, hintergründig?

In Willkischken (Vilkyškiai) herrscht munteres Treiben. Kinder stehen an der Straße und winken. Überall Grüppchen von plaudernden Menschen. Neubauten sind kaum zu sehen. Hier scheint sich wenig verändert zu haben. Die Kirche jedoch „funktioniert“ nicht mehr. Sie wurde zur Scheune.

Polompen, Lompönen, Trageningken, Schageningken — Namen von memelländischem Wohlklang. Mancherlei Sprachen und Dialekte haben sich hier zusammengefunden. Überwiegend sind sie baltischen Ursprungs, meistens aus dem Litauischen, oft auch aus dem Lettischen kommend. Das Kurische ist ebenfalls vertreten, und auch Reste des Altpreußischen sind darin enthalten. Es soll sogar noch Wikingerspuren geben. Die Wörter wurden ins Deutsche übernommen und mit entsprechenden Endungen versehen, wie zum Beispiel „-en“.

Die ursprüngliche Bedeutung wurde dabei nach und nach vergessen, blieb aber für den Sprachkundigen offenkundig. So steckt in dem deutschen Ortsnamen „Wannaggen“ das litauische „vanagas“, der Habicht, in „Szameitkehmen“ „kiemas“, der Hof, also der Hof eines Szameiten, eines Bewohners „Niederlitauens“ (žemas = niedrig, tiefgelegen), in „Karkeln“ „karklas“, die Weide, in „Laugßargen“ „laukas“ = das Feld und „sargas“ = der Wächter.

Dabei ist auch zu beachten, daß im Memelland, das heißt auf dem Lande, viel litauisch gesprochen wurde, während die rein deutsche

Bevölkerung und Sprache in der Stadt Memel zu Hause waren. Aber alle im Memelland, ob Deutsche oder Litauer, fühlten sich zum Deutschen hingezogen und zum deutschen Kulturkreis gehörig. Sie waren evangelisch und setzten sich betont von den streng katholischen Litauern hinter der Grenze ab. Sicher ist diese Gemeinschaft, die in Jahrhunderten gewachsen ist, auch ein Hauptgrund für das auffällig gute Verhältnis untereinander jetzt, von dem wir noch viel erfahren sollten.

Dann sind wir an der großen Straßenkreuzung. Geradeaus geht es weiter nach Pogegen, Heydekrug, Memel, die Hauptstraße im rechten Winkel dazu führt rechts nordöstlich nach Tauroggen (Tauragė) und links südwestlich nach — Tilsit (Sowetsk) und weiter bis Königsberg (Kaliningrad).

Ganz langsam dreht der Bus nach links. Der Intourist-Chef weist mit dem Arm nach vorn, geradeaus. Ich halte den Atem an: Das ist die Richtung nach Tilsit.

Gebannt verfolgen wir jeden Meter, der uns dem ersehnten Ziel näherbringt, das noch vor Minuten unerreichbar schien. Wir sind schon wieder in der Memelniederung, die wir für einige Kilometer verlassen hatten, feuchte Wiesen, Weiden. Kein Haus. Kein Mensch. Hier war schon früher kein Ort direkt am Weg; Schakeningken und Prussellen nur in der Nähe.

Plötzlich doch Häuser. Panemune steht auf einem Ortsschild. Wo sind wir? Das ist die Gegend von Übermemel. Da, vor uns rechts, rauchende Schlote wachsen am Horizont empor. Hochhäuser. Immer höher, immer mehr. Jetzt auch links von uns.

Das muß Tilsit sein!

Vielleicht gehört der schlanke, dünne Schornstein dem Zellulose-Kombinat (Tilsit war schon früher ein wichtiger Standort für die Holzverarbeitung). Auch die Möbel-, Strumpf-, Konservenfabriken müssen da liegen. Und das Brotkombinat, der Mühlenbetrieb, Kalkwerk, Seifenproduktionsstätte, der Butterei-Betrieb. Womöglich gibt es dort auch eine große Käsefabrik, in der der weltberühmte Tilsiter zubereitet wird, wenn auch gewiß nicht unter dem traditionellen Namen. Getilgt wie die „Königsberger Klopse“.

Wir fahren weiter, langsamer jetzt. Vorsichtig rollt der Bus auf eine Brücke, so lang, daß seine durchbrochenen Eisenwände rechts und links am Ende vor uns zusammenzustoßen scheinen. Ist das etwa die stählerne Brücke, die an Stelle der von deutschen Truppen Ende Oktober 1944 gesprengten Königin-Luisen-Brücke über die Memel geschlagen wurde? Haben wir das barocke Portal, das erhalten geblieben sein soll, übersehen, oder existiert es auf dieser Seite des Flusses nicht?

Greifbar nahe scheint nun die Stadt. Nur noch Minuten, Sekunden vielleicht gar. Wie gebannt blicken wir nach vorn. Langsam fährt der Bus von der Brücke. Ein paar Häuser links und rechts. Nach vorne ist die fernere Sicht versperrt.

Nur zwanzig, dreißig Meter vor uns tut sich eine Art Spalt auf. Darin erkennen wir rechts eine riesige Schrift. „Sowetsk" (sprich Sowjetsk) steht dort in gewaltigen Lettern zwischen schmalen, hohen Pfeilern. Da also beginnt erst Tilsit! Wir stehen unmittelbar davor. Der Bus stoppt.

Vor uns, nur einige Schritt entfernt, ein Personenwagen. An der Fahrerseite beugt sich ein Uniformierter herunter. Kontrolle vor der Einfahrt in die Stadt Tilsit oder nach der Ausfahrt? Hier beginnt schließlich nicht nur ein neuer Ort, sondern da ist auch die Grenze zu einer anderen Republik, nämlich der Russischen Sozialistischen Föderativen Sowjet-Republik (RSFSR). Zu ihr gehört nun Nord-Ostpreußen oder die „Oblastj Kaliningrad". Auf beides weist die große Schrift auf dem Mauerblock hinter den Pfeilern mit dem Stadtnamen hin.

Es ist erstaunlich, wieviel Gedanken in kurzer Zeit dem Menschen in Ausnahmesituationen kommen können? Stehen wir wirklich unmittelbar vor Tilsit? Wie mag es wohl in der Stadt jetzt aussehen? Werden wir auch nach dort einmal hindürfen? Kommt endlich die Zeit, da auch Insterburg, Gumbinnen, ja, sogar Königsberg besucht werden dürfen? Ändert sich wirklich alles? Öffnen sich nach mehr als 40 Jahren die Tore zu dem Unzugänglichen?

„Wir müssen weiter", heißt es, kaum daß wir gehalten haben. Und schon rollt der Bus in einer großen Kurve davon. Vorsichtig, wie es scheint, so als ob er nicht auffallen wolle, hier, wo die Luft voller prickelnder Spannung ist, wo wir so gerne weiter vorwärts möchten und doch nur zurück können.

Unser Bild zeigt die Königin-Luise-Brücke in Tilsit, wie sie vor dem Zweiten Weltkrieg aussah. Der Deutsche Orden erbaute 1407—1409 an der Mündung des Tilse-Flüßchens in den Strom eine Burg. Der Ort Tilsit erhielt 1552 von Herzog Albrecht Stadtrechte. Der Warenverkehr mit dem Osten auf dem Strom und die Lage inmitten eines fruchtbaren Landes boten der Stadt die Voraussetzungen für eine günstige Entwicklung. Nach dem unglücklichen Krieg 1806/07 wurde hier der demütigende Friede geschlossen, aber am 1. Januar 1813 zog Yorck in Tilsit ein und gab so, nach der Konvention von Tauroggen, das Zeichen zur Erhebung. Nach der Abtrennung des Memellandes wurde Tilsit Grenzstadt zu Litauen. Heute liegt es an der Grenze der Litauischen SSR zum „Kaliningrader Oblast“, der zur RSFSR gehört.

Aber niemand, so scheint es, ist trüben Sinnes, deprimiert, hoffnungslos. ‚Wenn wir jetzt soweit gekommen sind, wird es eines Tages vielleicht auch weitergehen!‘ denken wir.

Erst in Pogegen (Pagėgiai), nur wenige Kilometer weiter, werden wir aus unseren „Tilsiter Gedanken“ geweckt.

Pogegen — „Das ist doch meine Schule!"

„Da! Da! Das ist doch meine Schule!" ruft eine Frau aufgeregt, als wir an einem langgestreckten, zementgrauen Gebäude vorbeirollen. „Ja, ja, das ist sie. Hat sich gar nicht verändert. War eine Lehrerbildungsanstalt mit Internat."

Pogegen hat sich überhaupt kaum verändert. Ein beschaulicher Ort, der auf den ersten Blick aussieht wie vor der Eroberung am 20. Oktober 1944. Offensichtlich hat es hier keine großen Kämpfe gegeben; denn von Zerstörung keine Spur.

Wir blicken in die Bahnhofsstraße, an deren Ende die Station steht, so wie sie die Baumeister einst hingesetzt hatten. Ein bißchen grauer ist sie wohl jetzt. Das Alter oder Mangel an frischer Farbe? Rechts und links die vertrauten Häuserzeilen. Breite Bürgersteige davor. Bäume in vier Reihen. Fahrbahnen und Bürgersteige dazwischen. Parkende Autos.

Gewiß hat sich hier deswegen so wenig getan, weil der Ort seine herausragende Eigenschaft als Kreisstadt verloren hat. Der Kreis Pogegen wurde aufgelöst und den litauischen Kreisen Tauroggen und Georgenburg zugeordnet. Bewußte Vereinigung der alten deutschen und litauischen Gebiete oder nur Folge der Bildung allgemein größerer Kreise, Rayons?

Was uns auffällt, das sind die vielen Menschen, die überall zu beobachten sind. Sind es mehr als früher? Das ist leicht möglich; denn heute müssen sich überall verschiedene Familien die Einzelwohnungen von ehedem teilen. Vielleicht aber lieben die Litauer auch das Leben auf der Straße, den Plausch mit den Nachbarn, die Diskussion über die großen und kleinen Dinge.

Uns jedenfalls umringen sie, so wie wir den Bus verlassen haben. Natürlich, ein Intourist-Fahrzeug, das gibt es nicht alle Tage, Ausländer-Besuch noch weniger. Deutsche kamen kaum jemals hierher und Westdeutsche ganz bestimmt nicht.

Fragen und Gegenfragen: „Touristen aus der Bundesrepublik Deutschland? Ja, gibt es das denn überhaupt? Wie sieht es aus bei euch im goldenen Westen?“ — „Und wie geht es euch? Gibt es hier noch Deutsche?“

Die Verständigung ist etwas schwierig; denn unsere mitgereisten Memelländer müssen erst übersetzen; aber wir verstehen uns sofort. Hier bekommen wir einen ersten Eindruck davon, wie unproblematisch das Verhältnis zwischen Deutschen und Litauern ist. Da ist eine Selbstverständlichkeit im Umgang, ja, eine Gemeinschaft, wie sie in anderen Ländern oft vermißt wird — nicht nur im Osten, da aber ganz besonders.

„Ja, Deutsche gibt es hier noch. Da und dort wohnen sie.“ Aber wir treffen keinen von ihnen. „Wie es uns geht?“ Achselzucken. „Na, wie es allen hier geht.“ Mache sich jeder sein Bild. „Also koddrig und lustig“, meint ein Mitreisender. Sie lachen. „Das kann wohl stimmen.“

Wir fragen nach diesem und jenem, nach alten bekannten Gebäuden. „Naja, die Schule, der Bahnhof, das Landratsamt — alles steht noch. Die Kirche?“ Sie schlagen die Augen nieder, senken die Köpfe. „Ja, stehen tut sie noch; aber sie funktioniert nicht mehr. Da ist jetzt ein Kino.“

Nein, ganz so wie früher ist es auch in Pogegen nicht mehr. Aber seine Menschen sind immer noch gemütlich und liebenswert.

Nur zwei Gotteshäuser überhaupt sollen im Kirchenkreis Pogegen noch „funktionieren“; eine davon, die in Laugßargen, dient den deutschen Protestanten zu Andacht und Gebet. Die gut erhaltene Kirche von Rucken (Rukai) steht den (litauischen) Katholiken zur Verfügung.

Vor und hinter Rucken — waren es Jecksterken und Pleikischken oder Szameitkehmen? — sehen wir zwei Kirchen, die anderen Zwecken zugeführt worden sind. Unmittelbar neben der letzten ragen Silos fast so hoch wie der Kirchturm. Ist das Gotteshaus zur Futteraufbereitungsanlage geworden?

Wir sind jetzt auf der Höhe, da die Memel ihr Eigenleben aufgibt und sich in mehrere Mündungsarme auffächert. Zuerst in Ruß und Gilge, dann in Skirwieth und Atmath, und schließlich in deren viele Verästelungen, die allesamt dem Kurischen Haff zuströmen.

In Gedanken sehen wir zuerst die von ihrem Wasser getränkten fruchtbaren Äcker und Wiesen, auf denen schwarzweißes Niederungsvieh weidet. Hinter dem Erlenbruchwald dann die Uferzone, wo die kleinen Häuser verträumter Fischerdörfer wie aufgereiht am Wasser stehen, den Giebel stets zum Fluß. Ihre Spiegelbilder im sonnendurchfluteten Wasser wetteifern mit denen der wuchtigen Keitelkähne und der runden Strohhaufen zwischen den Gehöften.

Ob in Nemonien, Gilge, Tawe, Inse, Loye oder Karkeln, überall war es für die Menschen dort die besondere Heimat am Strom, aber auch harte Arbeit und immerwährende Gefahr durch dessen Fluten, für den Besucher ein romantisches Fleckchen, wie es diese Erde nur sehr, sehr sparsam verteilt. — Was mag daraus geworden sein, jetzt, da das Kollektiv, das Fischer-Kombinat dort zu Hause ist?

Was Leben und Arbeit im Mündungsdelta der Memel heute und in spezieller Weise bedeutet, erfuhren wir bei unserem nächsten Stopp, einige Kilometer weiter.

So verträumt und friedlich präsentierte sich 1938 das Dorf Loye dem Photographen an der Küste des Kurischen Haffs.

Jugnaten — Besuch auf einer Sowchose

„Juknaičiai“ (Jugnaten) steht auf dem Ortsschild. Wir halten vor einer gepflegten Grünanlage, auf der schmucke Bauten stehen, ein ausgedehnter Komplex, überragt von einem schlanken Turm.

„Dies ist eine Sowchose (Staatsgut). Wir wollen sie besichtigen, damit Sie auch einen Eindruck von unserer Art der Landwirtschaft haben.“ Da sind wir gespannt.

Junge Mädchen in niederlitauischer Tracht begrüßen uns nach alter Sitte mit Salz und Brot. Jeder bekommt zwei Blümchen, und auf Wunsch bringen sie uns auch noch ein Ständchen, ein litauisches Volkslied.

Dann gehen wir hinein. Veranstaltungssaal, Café-Raum, Bibliothek, Stätte der Besinnung — es ist alles da. Und es macht durchweg einen hervorragenden Eindruck.

Jugnaten wurde vor einigen Jahren zum Vorbild für gelungene Dorfverschönerung erklärt. Dazu hat dieser Musterbetrieb gewiß ausschlaggebenden Anteil geleistet.

Im Konferenzraum begrüßt uns der Direktor der Sowchose. „Wir schätzen die Deutschen und haben sie immer geschätzt“, beginnt er. „Wegen ihrer Ordentlichkeit, wegen ihres Arbeitseinsatzes, wegen ihres Fleißes.“

Höfliche Floskeln für die Gäste aus dem fernen Westen? Kaum; denn dieser Mann kennt die Deutschen. „Hier auf der Sowchose arbeiten viele Memeldeutsche“, hören wir. Auch gibt es eine Partnerschaft mit einer Landwirtschaftlichen Produktionsgenossenschaft (LPG) im Raum Erfurt/Thüringen (DDR). Und dann ist der Mann auch sonst auf der Höhe.

Von den 7000 Hektar Land der Sowchose werden jährlich 2000 in den Flußniederungen überschwemmt. Die Entwässerung macht offensichtlich nach wie vor Kummer, obwohl man sich in diesem Gebiet große Mühe gibt. So wurden im Kreis Heydekrug jährlich bis zu 5000 Hektar trockengelegt.

Die Rinderzucht auf den fetten Weiden steht im Vordergrund. 3600 Stück Vieh werden gehalten, darunter 1200 Milchkühe, die jährlich 6000 Tonnen Milch geben. 2300 Tonnen Fleisch werden im Jahr abgeliefert (Rindfleisch ist im Lande relativ günstig zu haben, während Schweinefleisch knapp und teuer ist). Durch Stickstoffdüngung wird versucht, die Weiden schon früh im Jahr, etwa Mitte April, für die Weide reif zu machen. Der Ackerbau auf 2200 Hektar spielt demgegenüber eine geringere Rolle.

Besonders stolz sind die Sowchosen-Leute auf ihre Grasmehlproduktion, „die es früher nicht gegeben hat". In hohen Türmen — etwa eineinhalb Kilometer außerhalb der Ansiedlung — trocknen Aggregate mit Heißluft das nasse Heu. Anschließend wird es gemahlen. 3000 Tonnen jährlich werden in Jugnaten produziert, das ist fast ein Zehntel der gesamten Grasmehlherstellung im Kreis Heydekrug.

Die Produkte des Staatsgutes werden an den Staat verkauft. 2,4 Millionen Rubel Gewinn erarbeitet die Sowchose, die 550 der 7100 Einwohner von Jugnaten beschäftigt.

„Das sind imponierende Sachen und Zahlen", sagen wir. „Aber wenn alles so gut ist, wieso klappt es dann nicht so recht mit der Versorgung im Land? Wie kommt es, daß die Sowjetunion riesige Mengen von Getreide einführen muß?"

„Es gibt Probleme", räumt der Direktor ein. „Eines davon ist, daß wir zu wenig Staatsgüter haben." Zu wenig solche wie dieses hier in Jugnaten, hätte er wohl hinzufügen können.

Das erklärt natürlich nicht alles. „Wo bleibt der Wettbewerb?", dringen wir weiter in ihn. „Die Preisgestaltung nach Angebot und Nachfrage?"

Der Direktor drückt sich um die Antwort nicht herum. „Sie haben recht", gesteht er. „Ich wünschte, wir würden uns auch mehr nach Angebot und Nachfrage richten. Bei der Preisfestsetzung müßte mehr auf den tatsächlichen Ertrag Rücksicht genommen werden. Auch wir haben schließlich mal gute, mal weniger gute Ernten. Aber es ist schon einiges auf dem Gebiet geschehen. Und ich bin sicher, daß noch mehr geschehen wird. Da fehlt noch Perestroika. Und ganz bestimmt wird sie kommen. Perestroika muß unbedingt auch das System der Preise betreffen."

Gorbatschows Zauberwort macht die Runde, bis weit hinein ins Memelland. Die Leute glauben daran. Sie sprechen offen davon, überall. Und sie sind sicher, daß damit eine Wende zu realistischer Politik in jedem Bereich verbunden ist, weg von festgelegter Theorie, hin zu flexibler Wirklichkeit.

„Wenn Perestroika nicht wäre, würden Sie heute hier nicht sitzen!" werden wir erinnert. Ja, es hat sich Umwälzendes getan, woran noch vor kurzem niemand zu glauben wagte. Wird es so weitergehen? Wir möchten es hoffen!

„Wir wollen nicht nur den Gewinn", fährt der Sowchosen-Chef fort, „wir wollen die Menschen glücklich machen."

Das klingt nun wiederum ideologisch, erinnert mich an Gespräche im israelischen Kibbuz. „Es geht uns nicht um den Gewinn, sondern um unsere gesellschaftliche Gemeinschaft", hatte es dort geheißen. Diese wird hier nicht hervorgehoben, sondern das Dasein des einzelnen betont. Gibt es etwa im Sowchos mehr Individualismus als im Kibbuz, die beide eine gemeinsame marxistische Wurzel haben.

Die Antwort muß ja heißen; jedenfalls wenn Einkommen und häusliches Leben dabei zugrunde gelegt werden. Im Kibbuz erhält der Mitarbeiter nur ein winziges Taschengeld, und er und seine Familie leben praktisch ständig in der Gemeinschaft, haben im wesentlichen nur ihre „eigenen" Räume zum Schlafen.

„Bei uns verdient der Beschäftigte im Durchschnitt 270 Rubel, während sonst ein Einkommen von 200 Rubel als Mitte gilt." So bilanziert nicht ohne Stolz der Direktor. „95 Prozent von ihnen haben noch eineinhalb Hektar privates Land. Darauf erwirtschaften sie zusätzlich 1000 bis 12000 Rubel im Jahr."

„Das sind die Leute, die die Autos fahren und die in ihren Eigenheimen wohnen", bemerkt ein sachkundiger Begleiter.

Was die Gesamtsituation betrifft, bleibt der Leiter des Staatsgutes nüchtern. „Wir wissen", sagt er, „daß wir mit unseren Ergebnissen noch hinter denen in der DDR liegen, und daß diese wiederum hinter denen in der BRD zurückbleiben."

Er hofft offensichtlich, daß sich das noch ändern wird. Sieht man seine Muster-Sowchose, dann könnte man daran glauben. Doch vorerst scheint diese blühende Ausnahme nur die Regel zu bestätigen, daß die Staats-Landwirtschaft nicht effektiv genug arbeitet. Sie kann Perestroika noch tonnenweise gebrauchen.

Als wir durch das parkähnliche Gelände zum Bus gehen, laufen uns ein paar Jungens entgegen, Schüler offenbar, die vom Unterricht kommen. Vor uns bleiben sie stehen und rufen uns etwas zu.

„Was wollen sie?“, fragen wir die Dolmetscherin. Sie lacht. „Na, was wollen Kinder schon! Bonbons natürlich.“

Die haben wir nicht bei uns, aber eine Schokolade. Und die macht's auch! Schnell gehen sie zur Seite und teilen die Beute unter sich. Früher Gemeinschaftsgeist, oder weil wir es ihnen so gesagt haben? Ich neige zu dem letzten, ohne die sozialistischen Erziehungsmethoden in Frage stellen zu wollen. Jedenfalls bleiben die drei eng beisammen unter sich und lassen die anderen an sich vorüberziehen.

Ernster war das Erlebnis eines Mitreisenden, der, nicht weit von hier, das Gut seiner Eltern besuchte.

„Es war schlimm“, berichtet er. „Unser schönes Haus! Es sieht aus wie eine verkommene Mietskaserne. Löcher wurden für Türen in die Wände geschlagen, wo gerade ein Eingang fehlte. Und es fehlten viele; denn jetzt wohnen mindestens sieben Parteien, wo früher nur unsere Familie lebte, und so üppig hatten wir es keineswegs. So sind Vorder- und Hinterfront regelrecht zerfleddert.

Eine Wasserleitung gibt es wohl nicht mehr; denn der alte Brunnen ist wieder in Betrieb. Der Hofteich ist zugeschüttet mit Bauschutt und Gerümpel aller Art. Der Friedhof ist verwahrlost, daß es ein Graus ist.“

So hart können dort die Gegensätze aufeinanderprallen. Musterhaftes und Verwahrlostes liegen dicht beieinander. Was die staatliche Planung fördert, gedeiht, manchmal sogar prächtig; was nicht in dieses Programm paßt, verkümmert, verkommt oft. Da ist niemand und nichts außerhalb des Staatlichen, was helfen könnte. Die Position des einzelnen ist zu schwach. Für private Initiative bleibt nur ein geringer, ganz bestimmter Spielraum.

Heydekrug — Eine moderne Stadt, die mächtig wächst

Wir nähern uns der Kreisstadt Heydekrug, nur noch wenige Kilometer bis Šilute, wie es die Litauer nennen. Kurz vorher durchfahren wir das Kirchdorf Werden. Heute kann man es nicht mehr so nennen. Zwar steht das Gemäuer noch; aber aus dem ausgebrannten, dann ausgebesserten Gotteshaus wurde ein Flachslager. Sonst hat sich nicht viel verändert in dem Ort.

Ob noch irgendjemand weiß, daß hier einer der größten deutschen Philosophen wurzelte, vielleicht der bedeutendste überhaupt? Immanuel Kants Großvater lebte dort. Kann sein, daß noch Deutsche in dem Ort wohnen, die sich dessen bewußt sind. Ausgeschlossen ist es auch nicht, daß die Neubürger Bescheid wissen. Denn es gibt sogar litauische Bemühungen, den großen Königsberger Gelehrten aufgrund dieser Herkunft als Landsmann zu deklarieren. Im Kaliningrad von heute wird er ebenfalls wieder verehrt. Ein Mann, der zweieinhalb Jahrhunderte überdauerte, der die Grenzen sprengte, der die Tragödie überwand.

Kaum zwei Kilometer von hier in Richtung Osten liegt das Gut Matzicken. Dort wurde vor 130 Jahren ein weiterer großer Sohn Ostpreußens geboren: Hermann Sudermann, erfolgreichster Dramatiker um die Jahrhundertwende. Unvergessen bis heute seine „Reise nach Tilsit“, die wie kein anderes Werk den Zauber und die Schwermut dieser Landschaft an der Memel eingefangen hat.

Heute und hier wohl noch bekannter und bedeutender sind seine „Litauischen Geschichten“. Sie gehörten zu den beiden Büchern, die ein Mitreisender für die Universitätsbibliothek Wilna mitbrachte und damit einen Wunsch der dort Lehrenden erfüllte.

Seiner Heimatstadt, vor der wir uns nun befinden, hatte Sudermann diese Verse gewidmet:

Blaues Haff und grüne Wiesen,
Krähenwald und Weidenstrauch,
seid gegrüßt und seid gepriesen,

Heimatstadt, du sei es auch.
Wo ein Krug auf brauner Heide
einst den lieben Namen trug,
stehst du nun im neuen Kleide,
wachs' und blühe, Heydekrug!

Ach, wie ganz anders sind seine Hoffnungen und Wünsche in Erfüllung gegangen! Sein Heydekrug hat ihn selbst, der am 21. Oktober 1928 verstorben war, nur um fast genau 16 Jahre überlebt. Am 9. Oktober 1944 fiel es in die Hände der anstürmenden 3. Weißrussischen Front.

Sein Denkmal steht nun nicht mehr dort; aber auch er wird im heutigen Litauen wieder verehrt und gelesen; besonders eben jene „Litauischen Geschichten". Wie tröstlich, daß geistige Werte den Strom der Zeiten überdauern und das national Trennende überwinden können!

Ganz gewiß anders aber sieht das „neue Kleid" aus, von dem Sudermann in seinem Vers sprach. Das Heydekrug von heute ist — im Gegensatz zu Pogegen — Kreisstadt geblieben. Sein „Rayon" ist sogar gewachsen, um östliche litauische Bezirke vergrößert. Entsprechend der Bedeutung wird Heydekrug, die zweitgrößte Stadt im Memelland, gefördert.

Viele Neubauten, zum Wohnen, aber auch für industrielle Zwecke, entstanden. So gibt es dort heute eine Pumpen- und eine Möbelfabrik. Auch die alte Torfstreufabrik ist wieder in Betrieb. Ein landwirtschaftliches Technikum hat da ebenfalls sein Zuhause.

Es gibt kaum Kriegsschäden. Nur das Germania-Hotel wurde Opfer eines Brandes. Im Mittelpunkt steht unverändert die Kirche. Der Bau aus dem Jahre 1926 mit dem hochragenden neugotischen Turm ist das größte Gotteshaus im jetzigen Memelland und das Zentrum der evangelischen Christen.

Der Geistliche betreut außerdem zahlreiche andere noch intakte Gemeinden in der ganzen Region. Wenn besondere Feierlichkeiten sind — wie etwa das 50jährige Kirchenjubiläum 1976 —, dann kommen umgekehrt viele Gläubige in das schöne große Gotteshaus. Der Pastor ist Deutscher; gepredigt aber wird in Litauisch. Alle Bemühungen, deutsch wieder zuzulassen, blieben bisher erfolglos.

Erstaunlicherweise hat sich auch eine andere alte Tradition aus deutscher Zeit erhalten: der Heydekruger Wochenmarkt. Zwar kommen jetzt nicht mehr die Fischer von der Kurischen Nehrung und die Gemüsehändler aus der Niederung mit ihren Kähnen über die Schiesche, den geruhsam dahinplätschernden Nebenfluß des mächtigen Mündungsarmes der Memel, Atmath, in die zentrale Kreisstadt. Jetzt sind es die Leute von den Sowchosen und Kolchosen der Umgegend, die die Früchte ihrer kleinen privaten Äcker anbieten.

Auf dem Fahrrad, mit dem Motorrad, gelegentlich sogar per Auto schaffen sie ihre Ware heran. Auch Früchte des Waldes, Pilze und Beeren, gehören dazu. Neben Butter, Milch, Hühnern und Eiern findet der Käufer hier auch Kleidung und mancherlei Werkzeug — alles, was in den staatlichen Läden selten oder gar nicht zu haben ist. Klar, daß da stets Betrieb herrscht.

Gern wollen wir das auch alles sehen. Aber, es kommt — trotz des guten Willens unserer Reiseleitung — anders.

Langsam rollt der Bus in die Stadt, während wir ständig nach dem hohen Kirchturm Ausschau halten. Vorerst ist nichts zu sehen. Wir überqueren die Bahngleise, wobei sich der Bus ein wenig schüttelt; aber bei weitem nicht so stark, wie es stets im polnischen Teil Ostpreußens der Fall ist, wo es geboten ist, vor jedem Bahnübergang tunlichst zu stoppen.

Da gleich links, hinter Bäumen etwas versteckt, ein braunroter Backsteinbau. „Ist das ‚ihre' Kirche?" fragt der Reiseleiter.

„Nein, nein!" Ich schüttele den Kopf. „Die ist viel größer." Sicher war dieses auch einmal ein Gotteshaus. Niemand kann bei der Durchfahrt sagen, ob es noch „funktioniert".

Nach etwa einhundert Metern müssen wir stoppen. Straßenbauarbeiten. Keine Einfahrt. Wir wenden, dann weiter links. Auf der anderen Straßenseite, in einer kleinen Mulde, stehen Leute an einer größeren Bushaltestelle. Gegenüber der Bahnhof, sicher noch der alte Bau. Recht behäbig und von gelblichem Anstrich.

Bald danach fahren wir in ein Neubauviertel ein. Hochhaus reiht sich an Hochhaus. Dazwischen viel Grün, junge Bäume, breite, gerade Straßen. Die Häuser abwechslungsreich gestaltet, sauberer

Im Mittelpunkt der Stadt Heydekrug stand und steht die Kirche mit ihrem hohen Turm. Unser Bild stammt aus der Zeit vor dem Krieg.

Putz, geschmackvolle Farbgebung, grün vorherrschend. Man spürt das Bemühen, weg vom eintönigen Einheitsstil. Mit anderen Worten: Für den Kenner östlicher Bauweise überraschend ansehnlich.

Kaum scheinen die letzten Häuserzeilen fertig, da sind davor schon neue Bauten im Gange. Unermüdlich wird offenbar an der Vergrößerung Heydekrugs gearbeitet.

Wir aber finden keinen Weg ins Zentrum, immer noch haben wir die Kirche nicht sehen können. Die Altstadt ist völlig eingekesselt von einem ausgedehnten Ring stattlicher Neubauten. Das ist nicht mehr das alte beschauliche Städtchen, sondern eine moderne Mittelstadt, die wächst und wächst.

Schließlich geben wir es auf. Das Zentrum ist nicht zu finden. „Wir haben Heydekrug verpaßt", sagt der Reiseleiter. Ja, wir haben nur Šilutė gesehen.

Weiter Richtung Memel. In Saugen (Saugos) haben sich einige Neubauten zwischen die alten Häuser geschoben. Hier wirken sie wie Fremdkörper. Und dort, da steht noch die Kirche. Sie „funktioniert" auch noch. Die Gottesdienste sollen sogar recht gut besucht sein.

Das gleiche hören wir vom nahen Kinten, nur wenige Kilometer entfernt in Richtung Haff. Dort wurde die Kirche zwar schon 1950 beschlagnahmt; aber die Gläubigen ließen sich dadurch nicht entmutigen. Sie trafen sich künftig im Gemeindehaus, bildeten sogar eine Jugendgruppe und einen Posaunenchor. Ihre Landsleute im Westen halfen durch Spenden bei der Beschaffung der Instrumente.

Ähnliches geschah in Prökuls (Priekulė), schon im Kirchenkreis Memel. Vergeblich suchten wir in dem Dorf gleich hinter der Minge-(Minija-)Brücke nach der Kirche. Das war sinnlos; denn der Bau ist zerstört. Doch auch hier verzagten die evangelischen Christen nicht. Sie bauten das Gemeindehaus zu einer Versammlungsstätte aus. Sie errichteten sogar einen Turm. Dorthin brachten sie aus dem ebenfalls vernichteten Kairinner Gotteshaus die Glocken. Von da an rufen sie hier zu Andacht und Gebet.

Einige von denen, die diesem sonntäglichen Klang folgen, haben noch jenen schrecklichen Dienstag, den 9. Oktober des Jahres 1944,

z. Forst
Schwarzort
Schafenbergsche Bucht
Schafenbergscher Haken
Alt Neegeln
Neegelnscher Haken
Libisbucht
Lidomhaken
Neegelnsche Bucht
Ruhnhaken
Birschtwinscher Haken
Pferdehaken
Haffleuchte
Perwelk
Perwelksche Bucht
Perwelkscher Haken
Ziegenhaken
Tyrus-Moor
Gut Prökuls
Prökuls
Pempen
Pangessen
Gropischken
Klischen
Piaulen
Pleschkutten
Uszwadwiesen
Drawöhnen
Jaagschen
Wensken
Dangmanten
Bruckschwa-wiesen
Grünlands moor
Kallwischken
F. Schwenzeln
Schwenzeln
Schwenzelner Moor
Kioschen
Gaitzen
Rogaischen
Kischken
Matzken
Panern
z. Forst
Prätzmen
Szieden
Norkaiten
Raudszen
Bliematzen
Ogeln
Rogsten
Kintener Moor
Kinten
Klumben
Szauken
Wabbeln
Paweln
Weppern
Suwehnen
Jazischken
Blaszen
Alt Rugeln
Neu Rugeln
Kreuz Kr.
Stankischken
Feilenhof
Krakerorther Lank
Windenburger Moor
Sturmen
Knaup
Minge
Windenburg
Singel-werder
Kuwertshof
Windenburger Ecke
Gr. Werder

in Erinnerung. Niemand hatte es glauben wollen; aber plötzlich rollten sowjetische Panzer in ihr Heimatdorf.

„Rette sich, wer kann!" Die Menschen stürzten aus ihren Häusern, Habe und Gut zurücklassend. Auch die Bauern, die Pferde und Wagen bereitgestellt hatten, mußten Tiere und Gepäck aufgeben, um in überstürzter Flucht wenigstens das Leben zu bewahren.

Zu Fuß gelang einigen die Flucht bis nach Minge, an die Haffküste. Insgesamt 4000 Menschen schlugen sich bis zur Windenburger Halbinsel durch. Die alten Kähne erwiesen ihnen den letzten Dienst. Sie trugen sie über das Kurische Haff auf die Nehrung. Hinter sich hörten sie das metallene Bellen der Geschütze deutscher Panzer, die diese Flucht über das Wasser zu sichern versuchten, während schon das dumpfe Grollen feindlicher Artillerie zu vernehmen war.

Viele, viele Einwohner aber kamen nicht mehr aus Prökuls heraus. Sie mußten Plünderung, Vergewaltigung, Verschleppung, Tod über sich ergehen lassen.

Nie wird es genau zu erfahren sein, wieviel Opfer der finstere Oktober, als das Memelland unterging, gefordert hat. Schätzungen besagen, daß etwa ein Drittel der ländlichen Bevölkerung den einrückenden Truppen in die Hände fiel. Eine große Zahl von Männern und Frauen blieb auch freiwillig nach der Räumung zurück. Im Kreis Heydekrug soll das ungefähr jeder Fünfte gewesen sein. Alles in allem waren es wohl um die 40 000 Menschen, die Besetzung, zum Teil Verschleppung, Unterdrückung und nur ganz allmählich Besserung der Verhältnisse erlebten. Viele siedelten später in die Bundesrepublik aus; doch immer noch leben wohl Tausende von Deutschen dort.

Von den drei Teilen, in die Ostpreußen nach dem Krieg zerstückelt wurde, hatte das Memelland noch das gnädigste Schicksal. Am schlimmsten waren die Bewohner des sowjetischen Bereichs dran, die in Scharen ins nun Litauische flüchteten und dort meistens auch gütige Aufnahme fanden. Die Überlebenden der Schreckenszeit im übrigen Nord-Ostpreußen wurden sämtlich in den Jahren 1947 bis 1948 ausgesiedelt. Hart war auch das Los der nun im polnischen Teil wohnenden Ostpreußen. Sie wurden meistens rücksichtslos vertrieben oder — wie vor allem in Masuren — unentrinnbar festgehalten.

Die Memeldeutschen hingegen fanden bei den Litauern eher Gnade und Verständnis. Das mag daran gelegen haben, daß man dort schon immer, vor allem auf dem Lande, Seite an Seite gewohnt hatte und daß es zwischen Balten und Deutschen keinen Haß gab. So wuchsen beide Bevölkerungsteile bald zu einer Gemeinschaft zusammen, nur daß die politischen Vorzeichen jetzt ausgetauscht waren. Möglicherweise rückten sie auch deswegen zusammen, weil die neue Oberhoheit sowjet-russisch war, ein Element, das hier wie anderswo stark gemacht werden sollte.

Für uns war es — das vorweg — vielleicht das schönste Erlebnis, zu sehen, wie Deutsche und Litauer einträchtig miteinander leben. Nichts ist zu spüren von Unterschieden, ja immer noch andauernden Spannungen wie etwa zwischen Deutschen und Polen im südlichen Ostpreußen. Ja, das Memelland könnte ein Beispiel für viele sein!

„Dort, dahinten, vor den hohen Bäumen, das ist unser Haus!“, ruft jemand in unsere Gedanken hinein. „Da haben wir bis 61 gewohnt.“ Und dann berichtet er, wie nach der Besetzung das Elternhaus von Russen übernommen wurde. Einfach so, ohne lange zu fackeln. Sie wurden zu Knechten auf dem eigenen Hof. Dann war aber auch für den Neubürger aus dem Osten die Herrlichkeit zu Ende. Das Grundstück wurde kollektiviert. Wie aller Privatbesitz in Prökuls und der Umgebung, im ganzen Land. So blieben sie Kolchosarbeiter, bis endlich die Aussiedlung gelang.

Nun leben sie in Bremen — und jetzt waren sie nach 26 Jahren wieder in ihrem Heimatdorf, sahen ihr Haus, die vertrauten Bilder, aber auch einiges Fremdartige, Neubauten, vierkantige Klötze mit Flachdächern, die so gar nicht in die dörfliche Idylle von einst passen wollten, wo noch zahlreiche Holzhäuser hinter niedrigen Staketenzäunen standen und geräumige Höfe von einstigem Wohlstand kündeten.

Der große Augenblick: Wir sind in Memel

Noch 23 Kilometer bis Memel. Die Spannung wächst. Das große Ziel ist ganz nahe. Schon sind wir in Dittauen. Zeit für die Besinnung auf das, was nun vor uns liegt:

Memel, bis 1945 nördlichste Stadt Deutschlands, seitdem eine der westlichsten Städte der Sowjetunion, drittgrößte Stadt der Sozialistischen Sowjetrepublik Litauen. Gegründet 1252 durch den livländischen Orden der Schwertbrüder, 1258 mit dem Lübischen Recht ausgestattet, 1328 an den Deutschen Ritterorden, mit ihm dann preußisch, von 1629 bis 1635 von den Schweden, von 1807 bis 1809 von den Russen besetzt, 1919 durch den Versailler Vertrag ohne Volksabstimmung von Deutschland abgetrennt, 1923 von litauischen Freischärlern besetzt und annektiert, am 22. März 1939 wieder zu Deutschland, seit 1945 zur Sowjetunion. Jetzt Klaipéda genannt (ein Name, den Litauer schriftlich schon im 19. Jahrhundert benutzten).

Im Kriege schwer zerstört, in den letzten Jahren wiederaufgebaut und stark vergrößert, wie man hört. Wir werden es sehen, mit eigenen Augen. In wenigen Minuten. Zum ersten Mal seit 42 Jahren ist die Fahrt ins bisherige Sperrgebiet gestattet.

Da tauchen schon unvermutet — denn wir sind noch längst nicht auf der Höhe von Karlsberg, wo benachbart das große Neubauviertel von Schmelz liegen soll — Hochhäuser am Horizont auf, wachsen schnell, nehmen klare Gestalt an.

Das Gelände ist leicht hügelig geworden. Die breiter gewordene Straße läuft in langen, sanften Wellen auf die Stadt zu. Und mit jeder kleinen Kuppe, die wir überfahren, wächst Memel vor uns — genauer gesagt ist das Klaipéda, denn das sind durchweg Neubauten aus der Nachkriegszeit, da die Stadt diesen Namen trägt. Immer mehr, immer höher.

„Klaipéda“ — die üblichen riesigen Lettern am Ortseingang größerer Städte zeigen nun unmißverständlich, daß wir das Ziel unserer weiten Reise erreicht haben.

Die Chaussee hat jetzt schnellstraßenähnlichen Charakter. Drei Bahnen auf jeder Seite, in der Mitte ein mindestens zehn Meter breiter Grünstreifen. Rechts und links ebenfalls ausgedehnte begrünte Flächen, auf denen Peitschenlampen und junge Laubbäume stehen. Dahinter wiederum ein sehr geräumiger Bürgersteig, an den sich weitere Rasenflächen anschließen. Dann moderne Wohnblocks, durchbrochene Fassaden, Balkone, weißgestrichene Wände, die Giebel zur Straße in Backstein.

Der erste Eindruck ist erfreulich. Anders als wir das von östlichen Städten gewohnt sind, besonders auch von den meist eintönigen Neubauvierteln im südlichen, polnischen Ostpreußen.

Je näher wir dem Stadtkern kommen, desto stärker wächst der zunächst sehr spärliche Verkehr. Wir schwenken in ein großes Rondell ein, einen übersichtlich gestalteten, gepflegten Verteilerring. In der Mitte ragen stählerne Pfeile hoch, die ein dekoratives Kunstwerk bilden. Die beiden Hauptstraßen, die hier münden, heißen Baltija-Prospekt und Taikos-Straße. Ein Prospekt — gerade und lange Straße — war im besten Sinne die letzte Fahrtstrecke.

Nun haben sich die Hochhäuser zu einem großen Verbund zusammengeschlossen, der aber nicht abstoßend wirkt. Die aufgelockerten Fassaden, höhere Gebäude, die wie Türme aus dem steinernen Meer herausragen, flache Bauten, offenbar Einkaufszentren davor, wechselnde Farben, vor allem viel Backstein, bringen wohltuende Abwechslung.

Immer mehr Menschen, recht gut gekleidet, bevölkern die Bürgersteige. Und mit einem Mal sind wir in der Stadt von einst. Häuser aus der Gründerzeit mit großen Schaufenstern, die allerdings nur spärlich bestückt sind, spitze und gebrochene Dächer — wir sind im alten Memel.

„Das ist die Libauer Straße!“ ruft jemand im plötzlichen Erkennen. Und dann biegen wir schon in eine kurze Nebenstraße. Vor einem breitflügeligen großen Neubau, dessen Seiten zum Ende hin leicht abfallen, halten wir.

„Hotel Klaipéda! Bitte aussteigen!“

Neben dem Eingang stehen fünfzehn bis zwanzig Menschen, die uns gespannt entgegenblicken. Einige haben Blumensträuße in den

Armen. Memeler, die auf ihre Verwandten aus dem Westen warten.

Sekunden später liegen sie sich in den Armen. Küsse, Tränen, Lachen.

„Seid ihr endlich da?!“

Der grauhaarige hagere Mann hält fest die Hand seines Bruders im weißen Schopf. Sechs Geschwister warten auf ihn. Eine Mitreisende hat ihre Cousine an sich gedrückt, als ob sie sie nicht mehr loslassen will. Das Ehepaar in den mittleren Jahren freut sich über das Wiedersehen mit Schwester und Schwägerin.

Nur die Jüngste aus unserer Gruppe steht noch ein wenig zögernd da. Sie ist hier in Memel geboren, aber schon mit einem Jahr ausgesiedelt. Sie geht auf ihre Cousinen und Cousins zu, drückt die Hände. Die Verständigung klappt noch nicht so recht; denn sie spricht nicht litauisch und die jungen Leute dort kaum deutsch. Trotzdem ist man sich allenthalben bald sehr nahe. Sie sind glücklich. Fast können sie es immer noch nicht fassen: Das erste Wiedersehen hier in Memel überhaupt!

Manche haben sich schon früher getroffen; aber dann war es in Wilna, Kaunas oder in der DDR gewesen. Vereinzelt gab es auch schon Besuche von drüben in der Bundesrepublik. Doch hier? Es ist kaum zu glauben! Noch vor kurzem hätte niemand so etwas zu hoffen gewagt. Und jetzt? Ändern sich die Zeiten wirklich? Ist das der erste Schritt zur Überwindung der Grenzen? Werden bald andere, noch bedeutendere folgen? Wir alle stehen im Bann dieses bewegenden großen Augenblicks.

Das Hotel „Klaipéda“ scheint gerade im richtigen Augenblick gebaut worden zu sein. Erst seit zwei Jahren steht es im Zentrum der Stadt, dort, wo Libauer und Alexanderstraße zusammentreffen, schräg gegenüber der Königin-Luise-Schule. Modern, beherrschend, Symbol der neuen Zeit.

400 Betten hat das Hotel, sieben Stockwerke hoch ist es, und sein Turm ragt sogar mit zehn Etagen in den Himmel. Ganz oben prangt auf einem riesigen Relief der Name „Klaipéda“, und ganz unten reckt sich davor zwischen blühenden Blumenbeeten auf einem Podest zu imposanter Führergestalt ein Standbild Lenins, beides

keinen Zweifel daran lassend, daß hier jetzt andere Zeiten und Leute herrschen.

Die Zimmer sind wohnlich und sauber. Einladend wirkt das Restaurant. Überall helles Holz, das eine freundliche Atmosphäre verbreitet. Geschickt gestaltete Nischen verschaffen dem großen Raum eine angenehme Intimität. Wie überall in diesen Breiten fehlt auch hier nicht das Podest für die Musikkapelle. Glücklicherweise ist es unbesetzt; glücklicherweise, weil die meist überlaute Popmusik, die fast ausschließlich zu hören ist, uns allmählich auf die Nerven geht.

„Guten Abend!" sagt eine adrette junge Dame in schwarz-weißer Kleidung.

„Guten Abend!" erwidern wir. „Eine Begrüßung in deutsch, da staunen wir aber."

„Wieso denn", meint sie. „Ich bin doch Deutsche."

Nun staunen wir noch mehr. Memel in Klaipéda! Das Essen ist vorzüglich. Und auch das Bier schmeckt viel besser als in Leningrad. Oder liegt es nur an der ungewöhnlichen Stimmung?

„Lassen Sie uns noch einen Kaffee in der Café-Bar trinken!", fordert Intourist-Chef Vaigauskas seine Tischgenossen auf. Und er denkt sich was dabei!

Diese Bar befindet sich im neunten Stockwerk. Von dort hat der Gast einen atemberaubenden Blick auf das abendliche Memel. Greifbar nahe liegt der Handelshafen vor uns. Seine wie in einem Glied ausgerichteten Kräne strecken ihre schlanken Ausleger gen Himmel wie die Fangarme eines Tausendfüßlers. Hier und dort liegt ein Frachter auf Reede im Tief, das Festland und Nehrung voneinander trennt.

Aus dem Hintergrund leuchtet das Meer herüber — ein faszinierender Willkommensgruß der heimatlichen Ostsee. Vor dem tiefroten Himmel hängen lange Wolkenbänke, deren pralles Tintenblau kräftige, breite Striche zieht. Dazwischen weiße Flecken zarter Kumuli, wie von riesiger Malerhand in ein Breitwandgemälde getupft. Überwältigend! Und immer wieder das Glücksgefühl: Wir sind wirklich in Memel! Und die wachsende Erkenntnis: Diese Stadt hat auf uns gewartet!

„Ja, wir warten auf euch!" Der Intourist-Chef scheint unsere Gedanken erraten zu haben, was wohl auch nicht allzu schwer ist angesichts unseres Gemütszustands. Er fährt fort: „Dieses Hotel ist bereit, Besucher aus Westdeutschland aufzunehmen. 400 Betten, die sollen erst einmal besetzt sein!“ Er lächelt.

„Schön und gut“, meinen wir. „Gewiß ist das mehr, als wir noch vor Monaten zu hoffen wagten. Aber wenn wirklich viele Besucher kommen sollen, dann muß der weite Umweg über Leningrad und möglichst auch Wilna wegfallen. Zwei Tage Memel, das ist zuwenig. Wenigsten eine Woche!“

„Gemach, gemach“, dämpft er. „Sie sagen doch selbst, das ist schon sehr viel, daß Sie überhaupt hier sein können. Nun warten Sie, bis dem ersten Schritt der nächste folgen wird. Und dann immer weitere.“

„So ein großer Hafen“, sage ich und zeige auf die kilometerlangen Anlagen vor uns am Tief. „Da müßten doch auch Passagierschiffe anlanden können. Dann wäre es möglich, eine größere Zahl von Touristen hierher zu bringen.“

„Auch das wird kommen“, erklärt unser wichtiger Gesprächspartner. „Eine Pier für Passagierschiffe ist bereits im Bau. Sie wird nächstes Jahr fertig sein. Dann wäre auch das denkbar. Aber schon jetzt können Sie mit dem Flugzeug zu uns kommen.“ Er blickt den Mann unseres Reiseunternehmens an. „Machen Sie doch mit ihren Flugzeugen Tagesflüge von Hamburg nach Palanga (Polangen). Von dort sind es nur wenige Kilometer bis nach Klaipéda. Oder Sie können in Palanga Bade- und Angelferien machen. Sie mieten sich ein Ferienhäuschen und bleiben so lange da, wie Sie wollen.“

Wir denken an die vielen Memeler, die in ihre Heimatstadt wollen. „Kann man auch als Einzelreisender hierher kommen und privat wohnen?“, fragen wir.

„Bisher brauchten Sie dazu eine Einladung von einem Verwandten“, lautet die Antwort. „Neuerdings genügt es, wenn diese von einem Bekannten kommt.“

„Und wie sieht es mit dem Auto aus? Kann man sich nicht ein Fahrzeug mieten und dann durch die Gegend fahren?“

„Nein, leider nicht. Eigenes Autofahren ist nicht gestattet. Noch nicht!“ Er betont das letzte und lächelt wieder vielsagend.

„Das ist wirklich ein hoffnungsvoller Auftakt“, sage ich nach einer Weile. „Aber der große Durchbruch kann nur kommen, wenn auch Reisen in das Königsberger Gebiet und möglichst nach Königsberg selbst gestattet werden. Könnte man da nicht auch Schritt für Schritt vorankommen. Vielleicht zuerst nach Tilsit“ — und ich denke daran, daß wir heute die Stadt aus der Nähe sehen durften, daß wir unmittelbar vor ihr gestanden haben —, „dann nach Insterburg, in die Ostseebäder und schließlich nach Königsberg selbst.“

Eine kleine Pause entsteht. Mir ist, als ob die Café-Bar mit Hochspannung geladen ist. Was wird mein Gegenüber sagen? Gibt es überhaupt etwas dazu zu sagen?

„Das alles wird kommen“, meint er schließlich. „Vielleicht schon nächstes Jahr. Ich bin da sicher. Aber, Sie wissen ja, das ist nicht meine Kompetenz. Glauben Sie mir, das liegt gewiß nicht am guten Willen dort oder an dem Stand des Wiederaufbaues, sondern an fehlenden touristischen Einrichtungen. Wir sind da ganz konsequent. Wenn wir nicht entsprechende Hotels, Restaurants, Busse, Fremdenführer und so weiter haben, gibt es keinen Tourismus. Aber das läßt sich alles beschaffen — wie Sie hier sehen!“

Er geht noch weiter. Zuerst klingt es wie in Gedanken versunken, dann schließlich fast wie beschwörend.

„Wir müssen endlich zusammenkommen. Die Menschen müssen sich kennenlernen. Das ist der beste Weg zur Verständigung. Wenn die Menschen sich kennen, dann werden auch die Staaten sich finden. Deutschland und die Sowjetunion sollten Partner werden. Es gibt die besten Voraussetzungen für Freundschaft, geographisch, aus der Geschichte und was die aktuelle Lage betrifft.“

„Wir sind gewiß dazu bereit“, sagen wir. „Und unser erster Eindruck ist, daß es die litauischen Menschen auch sind. Wir haben noch keinerlei Vorbehalte gespürt. Das sollte uns Mut geben, auch dort von Mensch zu Mensch zusammenzukommen, wo es heute noch nicht möglich ist. Unsere Besuche in den alten Gebieten sind mehr als übliche Reisen, mehr auch als Heimweh-Tourismus. Sie sind der beste, wohl der einzige Weg, den inneren Schmerz zu überwinden, sich der Wirklichkeit zu stellen und weg von der politischen Anonymität zur fruchtbaren menschlichen Begegnung zu kommen.“

Wir reichen uns die Hände. „Es ist ein weiter Weg“, meint unser Gesprächspartner. „Aber wir haben den ersten Schritt getan. Und der ist immer der schwerste. Dürfen wir da nicht hoffen, daß künftig alles leichter gehen wird?“

Ja, nun gibt es Grund zur Hoffnung!

Nächster Morgen: Der große Memel-Tag ist da! Viel haben wir von ihm erwartet. Schier Unvorstellbares hält er für uns bereit.

Der Blick aus dem Hotelfenster fällt auf das langgestreckte dreistöckige Haus gegenüber, ein Bau aus alter Zeit. Ein Schild weist darauf hin, daß auch ein Restaurant dort untergebracht ist. Früher gab es da wohl Läden und Büros. Hier war schließlich das Zentrum der Stadt mit vielen Geschäfts- und Wohnhäusern. Fast alles ist ausgelöscht, wird auch nicht wiedererstehen; denn an dieser Stelle hat sich das Hotel „Klaipéda“ mächtig ausgebreitet. Ihm gegenüber, auf der anderen Seite der Libauer Straße, beherrscht das hochragende Kulturhaus die Szene.

Von rechts strömen Menschen herbei, vorwiegend junge Leute, Schüler wohl in der Hauptsache. Natürlich, links vor uns ist ja die Königin-Luise-Schule. Sie wird also wohl weiter für den Unterricht genutzt. (Später erfahren wir, daß das jetzt eine russische Schule ist.) Doch die meisten eilen an dem Gebäude vorüber. Sicher einer der Schulen dahinter entgegen.

Stadtbesichtigung. Der Bus hält vor einem Fachwerkbau. Die roten Ziegel leuchten frisch. Balken, Tür, Fensterrahmen sind von brauner Farbe.

„Ja, das ist ein Neubau“, erklärt die Memeler Stadtführerin. „Originalgetreu wiederaufgebaut. Das war früher ein Speicher. Fachwerkhäuser wurden in Klaipéda schon immer geschätzt. Das ist auch heute wieder der Fall. Jetzt sind hier die ‚Freunde des Buches‘ untergebracht. Und rechts dahinter das Haus mit dem vorgebauten Vordergiebel stammt ebenfalls aus alter Zeit. Alles hier wird so aufgebaut, wie es früher einmal war.“

„Können Sie uns dann nicht auch die alten deutschen Namen sagen?“, bitte ich, zur besseren Orientierung, aber nicht nur.

„Gern“, antwortet sie, und schon heißt es: „Wir befinden uns

Der Ännchen-Brunnen vor dem Stadttheater mit dem Medaillon von Simon Dach sollte Erinnerung an ihn und ein Bekenntnis zu ihm sein.

jetzt auf dem Theaterplatz. Dort, hinter dem Bauzaun, das war das Stadttheater. Es wird gerade restauriert."

Sechs Millionen Rubel gibt die Stadt dafür aus. In zwei Jahren sollen die Arbeiten innen und außen fertig sein. Der Blick über den hohen Zaun läßt den eindrucksvollen Bau wieder in seiner alten Gestalt erkennen. Noch aber sieht die einstige Schmuckfassade grau, verfallen aus. Nur kleine Gerüste sind zu sehen, auf denen sich zwei, drei Arbeiter bewegen. Da muß noch einiges mehr geschehen, wenn der Termin der Fertigstellung eingehalten werden soll.

Wo einst auf dem Theaterplatz der Annchen-Brunnen war, stehen jetzt Baubuden. Das hohe, schlanke Podest, auf dem das Ännchen von Tharau stand, schmückte ein Medaillon von Simon Dach, den manche für den Dichter des wohl bekanntesten deutschen Volksliedes hielten, eben des „Ännchen von Tharau". Das ist nicht erwiesen. Fest steht indessen, daß der Dichter aus Memel (1605 bis 1659) durch viele Lieder berühmt wurde und als begabtestes Mitglied des

„Königsberger Dichterkreises“ galt. Von ihm stammt auch das schöne Lied von der Freundschaft: „Der Mensch hat nichts so eigen, so wohl steht ihm nichts an, als daß er Treu erzeigen und Freundschaft halten kann.“

„Nein“, sagt unsere Stadtführerin, „das alte Denkmal kommt nicht wieder. Aber an seine Stelle werden wir ein neues errichten für den bedeutenden litauischen Dichter Martynas Mažvydas, der im 16. Jahrhundert lebte und als Begründer einer eigenen litauischen Literatur gilt.“

Nicht gerade ein Denkmal hatte man einem anderen Künstler gesetzt, der hier einmal gewirkt hatte; aber man erinnert sich noch seiner.

„Auch Richard Wagner hat hier dirigiert“, berichtet unsere Begleiterin. Das war damals, als der schon große Meister mit dem noch größeren Schuldenberg vor seinen Gläubigern flüchten mußte und 1836 in Königsberg Theaterkapellmeister war.

Wir gehen durch die neuen alten Straßen, die zusammen ein großes, netzartiges Viereck bilden: Schusterstraße, Schmiedestraße, Fischerstraße. Malerische Gäßchen, Kopfsteinpflaster, schmale Bürgersteige, verhutzelte Häuschen und gediegene Bürgerhäuser, die Dachlinie macht wilde Sprünge ob der unterschiedlichen Bauweise, Vortreppen und Erker. Wein, grün und rot, bedeckt ganze Fassaden, Straßenlaternen von Anno dazumal — das ist Memel, fast wie es einmal war.

Was fehlt, das ist das fröhliche Treiben in den verwinkelten Straßen, das sind die vielen Schaufenster mit den reichlichen Auslagen, die Handwerkerstuben, der Duft aus Konditoreien und Küchen — dennoch ist es mehr, als man erwarten konnte.

Der gesamte Bereich zwischen Marktstraße und Dange, dem Memeler Fluß, zwischen Theaterplatz und Friedrich-Wilhelm-Straße wird restauriert.

Ende der siebziger Jahre wurde eine Abteilung für Denkmalsschutz gebildet. Sie beschloß, 60 Bauten in der Altstadt zu erneuern. Inzwischen wurde viel getan und das Ziel erheblich weitergesteckt. Heute steht der ganze historische Kern unter Denkmalsschutz. Schwärmt die Zeitung „Tarybiné Klaipéda“ (Sowjet-Memel): „Diese

Planung ist einmalig in Litauen und, man kann es dreist sagen, selten in Europa."

Wir sehen noch mehr Beweise dafür: Da wird ein alter, klotziger Speicher in Marktnähe restauriert. Das tiefdunkle Rotbraun seiner bröckelnden Ziegel zeugt von seinem hohen Alter. Am Markt sieht es fast wie früher aus. Ebenso in der Friedrich-Wilhelm-Straße.

Über die Dange sehen wir zum Rathaus hinüber. Ein kleiner Wasserfall belebt das Bild. Das eher schlichte Gebäude im Renaissancestil mit dem Memeler Wappen auf rotem Grund an der Spitze des Frontgiebels war Schauplatz eines bewegenden Abschnitts preußischer Geschichte. Königin Luise und ihr Mann, König Friedrich Wilhelm III., hatten hier ein Jahr lang — vom 8. Januar 1807 bis zum 15. Januar 1808 — Zuflucht gefunden, als Napoleons Heerscharen im Unglücklichen Krieg den größten Teil ihres Landes überfluteten. Hier auch beriet die Regierung und fanden sich schließlich

Zur Erinnerung an die großen historischen Ereignisse in Memel wurde vor dem Rathaus das Borussia-Denkmal errichtet.

die Männer zusammen, die nach der Niederlage die bedeutenden Reformen zur Erneuerung des Landes entwickelten. So war Memel damals Hauptstadt des Königreichs Preußen.

Zur Erinnerung an jene historischen Tage wurde 100 Jahre später vor dem Rathaus ein Nationaldenkmal errichtet, die Borussia. Sie wurde gestürzt, als zwischen den beiden Weltkriegen Memel unter litauische Herrschaft geriet. In dieser Zeit versammelte sich im Rathaus der memelländische Landtag. Seit dem letzten Krieg ist die Borussia, die den angestammten Bewohnern viel bedeutet, verschwunden.

„Man hört, daß sie von einer Kanonenkugel zerschmettert wurde", sagt unsere Reiseleiterin. Ob das zutrifft, kann wohl niemand mehr klären. Sicher ist, daß die deutsche Borussia im litauischen Klaipéda kaum geduldet würde.

Ihren Platz hat nun ein Fischer auf einem großen Findling eingenommen. „Das ist immerhin besser, als wenn Lenin hier stünde", sagt ein Mitreisender. Gewiß ist diese Figur kein schlechtes Symbol für die Stadt am Meer, für den bedeutenden Fischerort.

Wie das Rathaus, so blieben von den bekannten alten Gebäuden auch erhalten: das Kreishaus des Landkreises Memel, Gerichtsgebäude, das Beamtenhaus am Libauer Platz — wie dort überhaupt fast alles stehengeblieben ist —, Stadtsparkasse, das Haus des „Memeler Dampfboots", das Meyhoefer-Haus, das Patrizierhaus der Familie Gerlach mit der Stadtbibliothek (die auch heute wieder dort untergebracht ist), Kammer- und Capitol-Lichtspiele. Kaufhaus Laß & Sohn, Schlachthof, Lehrerseminar, Städtisches Krankenhaus und Marinelazarett. Das Hauptzollamt suchten wir jedoch vergebens.

Wir fahren wieder die Börsenstraße, über die Börsenbrücke, die Kandelaber zieren, rechts das Restaurantschiff „Meridianas", eine schmucke Dreimastbark. Vor uns das hohe Gebäude des Kulturhauses. Dahinter beginnt in Fahrtrichtung die Libauer Straße, die Hauptverkehrsader, die heute Herkus-Mantas-Straße heißt nach dem Anführer eines Pruzzenaufstands gegen den Ritterorden. Wir aber biegen rechts in die Alexanderstraße. „Dann hieß sie Adolf-Hitler-Straße, und heute heißt sie Gorki-Straße", sagt unsere Begleiterin. Baumreihen rechts und links. Unübersehbar der rote Ziegelbau mit den hochragenden, freistehenden Schmuckgiebeln, die Hauptpost. Das Bauwerk im Stil der Neugotik stammt aus dem Ende des vorigen Jahrhunderts. Der hohe Turm davor trägt oben ein Baugerüst. „Dort werden Glocken installiert", erfahren wir. „Sie stammen aus Thüringen. Und wenn Sie das nächste Mal zu uns kommen, können Sie schon das schöne Glockenspiel hören."

Man gibt sich große Mühe bei der Restauration. Alles soll möglichst originalgetreu wiedererstehen. Später treffen wir einen jungen Mann.

„Bei meiner Oma waren die Leute vom Amt", berichtet er. „Sie haben sie gefragt: ‚Wie sah es früher im Inneren der Post aus? Erzählen Sie uns alles, was Sie wissen. Wir wollen es wieder so machen, wie es früher war!'"

Das ist eine geradezu aufregende Mitteilung. Sicher würden da Abbildungen, Zeichnungen und sonstige Hinweise auch aus dem Besitz von Memelern in der Bundesrepublik helfen, ihre Altstadt in gewohnter Gestalt wiedererstehen zu lassen. Man sollte sie dorthin schicken.

Dann könnte es im großen geschehen, was jetzt eine Mitreisende im Einzelfall erfuhr. Als sie die Post wiedersah, sagte sie: „Ich dachte, ich war nie fort. Es ist genau wie früher."

Es geht weiter: das frühere Lyzeum, ein Bau im Jugendstil, das Vytautasgymnasium, das jetzt Donelaitis-Schule heißt und eine litauische Schule ist. Auch ein Denkmal weist auf den Schriftsteller (1714 bis 1780) hin, der ein Brückenbauer zwischen Deutschen und Litauern war. Gelebt hat der im Regierungsbezirk Gumbinnen geborene Pfarrer allerdings unter dem Namen Christian Donalitius in der ostpreußischen Rominter Heide. Er gehört zweifellos in die Reihe von Geistesgrößen, die nationale Grenzen überstiegen und statt des Trennenden das Gemeinsame unter Nachbarn suchten. Darum wird auch der angestammte Ostpreuße nichts gegen sein Standbild in Memel einzuwenden haben, wie er sich ebenso freut, daß Polen in Mohrungen Johann Gottfried Herder, dem größten Sohn der Stadt, ein Denkmal gesetzt haben.

Über Parkstraße und Simon-Dach-Straße — unsere Führerin sagt immer die deutschen Namen oder nennt sie wenigstens zusätzlich zu den jetzigen — führt der Weg zu einer Stätte, die an die schlimmste Zeit erinnert. Das ist der sowjetische Soldatenfriedhof.

527 Gefallene haben ihre letzte Ruhestätte unter den Zementplatten eines etwa 1000 Quadratmeter großen Platzes gefunden. Ihre Namen stehen auf einer breiten Marmortafel, die die ganze Stirnseite ausfüllt. Davor brennt eine ewige Flamme. Dahinter erheben sich zwei steinerne Pylone in den wolkenverhangenen Himmel. Zwischen ihnen schwebt ein riesiges Schwert mit der Spitze zur Erde. Eine eindrucksvolle Gedenkstätte! Ein Mütterchen fegt die ersten Herbstblätter zusammen. Hier ist alles gepflegt.

Später fragt jemand: „Und was ist mit den deutschen Soldaten, die hier gefallen sind?“ Die Antwort: „Wir ehren keine Aggressoren, die in unser Land eingedrungen sind.“ War die Frage zu provozierend oder kam die Schärfe der Entgegnung nur aus einer gewissen Verlegenheit darüber, daß der einzelne nichts ändern kann an ein Problem, das in den Ost-Staaten ein Tabu ist, bei allem Verständnis nur einseitig gesehen wird. Auf ostpreußischer Erde ruhen soviel russische Soldaten aus dem Ersten Weltkrieg in würdiger Weise, daß es nur schwer verständlich ist, wenn jetzt umgekehrt dem doch in der Regel unschuldigen Soldaten der anderen Seite diese letzte Ruhe verweigert wird.

„Eine Ruhestätte eigener Art“, so erklärt unsere Stadtführerin, „haben die Toten erhalten, die einmal auf dem Städtischen Friedhof lagen — hier auf diesem Gelände.“ Und sie weist auf die Grünzone nebenan. „Einige wenige der Bestatteten wurden umgebettet, sofern sich Verwandte oder Freunde darum kümmerten. Die anderen liegen noch dort, wo jetzt dieser Mažvydas-Park entstanden ist.“

Das ist ein ausgedehntes Gelände etwa zwischen Parkstraße, östlich von der Auguste-Viktoria-Schule, und dem einstigen Friedhof. Saubere Wege führen an alten Laubbäumen und blühenden Blumen vorbei. Da hinein gestellt stehen in angemessenem Abstand Steinbilder in verschiedenerlei Gestalt.

„Das ist unser Skulpturenpark“, hören wir. „Er ist der einzige in der Republik (Litauen), und die Klaipėdaer sind sehr stolz auf ihn.

Eine besinnliche Stätte für die Lebenden und ein Ort der Stille für die Toten."

106 Kunstwerke sind zur Zeit dort zu sehen. Sie werden immer wieder erneuert mit Schöpfungen, die Bildhauer in Sandkrug aus Granitblöcken hauen. Das zehn Hektar große Gelände bietet genügend Raum für die recht eindrucksvollen Ausstellungsstücke, deren Formgebung und Originalität ansprechend wirken. Oft ist der Versuch erkennbar, einen Bezug zu zeitnahen Themen herzustellen.

Mag man über die Kombination von altem Friedhofsgelände und modernem Ausstellungsgelände verschiedener Meinung sein; die Kunstschau selbst verdient Beachtung und Anerkennung.

Spätestens an dieser Stätte stellt sich dem Besucher die Frage: Wie steht es um die Kirchen im heutigen Memel? Die Antwort berührt ein recht trauriges Kapitel. Im Stadtbild fehlen heute die einst so typischen drei Kirchtürme. Die Stadtkirche St. Johannis und die Landkirche St. Nikolaus wurden im Krieg zerstört und nicht wieder aufgebaut. Auch die Reformierte Kirche am Südende der Friedrich-Wilhelm-Straße gibt es nicht mehr.

Die Baptistenkirche zwischen Luisen-Gymnasium und Simon-Dach-Schule steht noch dort; aber sie hat kein Kreuz mehr. Offensichtlich finden keine Gottesdienste mehr statt, sondern sie wurde anderen Zwecken zugeführt.

Dagegen trägt die Apostolische Kirche am Ferdinandsplatz noch das Kreuz als sichtbares Zeichen dafür, daß dort weiter gepredigt und gebetet wird. Dafür spricht auch die frische Farbe, die blau abgesetzt ist.

Die evangelischen Christen haben eine neue Heimstatt hier ganz in der Nähe des Skulpturenparks gefunden. In der früheren Friedhofskapelle hatten sich die Gläubigen der Russisch-Orthodoxen Kirche einen Versammlungsraum gebaut. Sie gestatteten den evangelischen Christen, sich dort jeden zweiten Sonntag zum Gottesdienst zu versammeln. Davon wird nun reger Gebrauch gemacht.

Gern nehmen sie auch die Gelegenheiten zu besonderen Anlässen wahr. „So fuhren wir unlängst nach Wannaggen zur Konfirmation", berichtet ein Memeler. „Von überall her kamen die Deutschen dort zusammen. 400 Teilnehmer waren wir bei der Feier, die

Pastor Roga leitete. Er predigt in verschiedenen Orten.“ Wannaggen liegt bei Prökuls und damit ungefähr 30 Kilometer von Memel entfernt.

Wer in Memel ist, möchte natürlich auch das Meer sehen. Unsere Fahrt an die Ostsee geht durch gut erhaltene alte Straßen, vorbei am Bahnhof. Das zweistöckige Hauptgebäude hat einen flachen, weißgestrichenen Vorbau erhalten, der den Schriftzug „Klaipéda“ trägt. Auf dem Vorplatz kleine Rasenflächen. Zwischen vier Tannenbäumen steht auf hohem Podest, den Arm wegweisend nach vorn, Wladimir Iljitsch Lenin.

Dennoch auffälliger der langgestreckte Anbau auf der linken Seite, dessen leuchtendes Rot deutlich von dem dunkel gewordenen Ziegelbau nebenan absticht. In seiner modernen Architektur mit staffelartigen, hochragenden Wänden, den großen Glasflächen und dem schlanken Turm mit dem krönenden Spitzdach wirkt er gegenüber dem schlichten Altbau nebenan geradezu provozierend neuzeitlich. Ob auch westdeutsche Reisende hier bald einmal ankommen und abfahren werden? Eben noch schien das undenkbar — jetzt wagen wir bald, alles zu denken!

Auf schmaler werdender Straße geht es schließlich durch ein ausgedehntes Waldgelände, die Stadtplantage, an den Strand „Mellneraggen 2“.

Das letzte Stückchen laufen wir fast. Zwischen hohen Dünen ist schon die Ostsee zu sehen. Gischtige Wellen im Vordergrund und die graublaue Unendlichkeit am Horizont.

„Sieh dir diesen feinen Sand an!“, ruft ein Mitreisender staunend, der nicht aus dieser Gegend stammt. „Den müßte man einpacken können und zu Hause wieder ausladen.“ Einige tun das sogar, wenn auch nur in kleinen Portionen, als Andenken an den heimatlichen Strand. Kilometerweit zieht er sich hin, und im Sommer ist hier Hochbetrieb.

„Urlauber aus der ganzen Sowjetunion kommen hierher“, erzählt unsere Begleiterin. „Dann ist der ganze, breite und so lange Strand besetzt.“ Sie liegen auf ihren Tüchern oder direkt auf dem Sand. Burgen wie einst gibt es nicht mehr. Und auch Strandkörbe sind hier unbekannt. Man hat genug an der herrlichen Natur.

Vor dem Bahnhof von Memel begrüßt heute W. J. Lenin die Reisenden aus der Bundesrepublik. Auf der Strecke von der Danziger Bucht bis zum Rigaschen Meerbusen ist Memel der einzige Naturhafen. Den nördlichen Teil des Tiefs, den Ausgang zur See, zeigt das untere Bild. Links schiebt sich in das Meer die bewaldete Spitze der Kurischen Nehrung, die wie ein Schutzwall vor dem Hafen liegt. Das Bild stammt aus der Zeit vor dem Krieg.

„Nirgendwo kenne ich ein Meer, das mit so flachen Wellen unentwegt schäumt und sprudelt, daß es eine Wonne ist, darin zu baden", schwärmt eine Memelerin. „Und sehen Sie sich diesen goldgelben Strand an und das hochragende Ufer!"

Gewiß, es gibt nicht viele solcher Plätze auf der Welt. „Nur die Steilküste im Samland ist noch schöner", meint ein Königsberger. „Aber die Nachbarn geben sich nicht viel."

Bis an den Strandhafer, der die Düne bedeckt, lagern im Sommer Badegäste. Manche suchen sich gar inmitten der grünen und gelben Hügel ihr stilles Plätzchen. Etwas höher herauf wächst Gestrüpp — Kuschelfichten und Krüppelkiefern — und ganz oben thront dichter blauer Wald.

„Hierher möchte ich im Sommer wiederkommen und baden, am Strand liegen und von den alten Zeiten träumen, und auch dankbar sein, daß ich das alles wieder darf und kann."

Da würden auch die hohen Leitungsmasten kaum stören, die hier wie Fremdkörper am Strand stehen, aufgereiht wie eine weitläufige Sprossenwand.

Zur Linken züngelt ein dunkler Streifen weit ins Meer hinein. Im Gegenlicht sind einzelne Bauten und mehrere Türme zu erkennen. Einer davon müßte der Leuchtturm sein. Er soll noch das Wahrzeichen von einst sein. Ob wir ihn noch mehr aus der Nähe werden betrachten können?

„Seht mal, was ich gefunden habe!", ruft eine Memelerin in meine Gedanken hinein. Sie streckt mir die Hand entgegen. Da liegt tatsächlich Bernstein drauf. Kleine Stückchen, aber unverkennbar „ostpreußisches Gold".

Auch im Memel von heute wird Bernstein gewonnen und verarbeitet. „Klaipéda ist eines der führenden Bernsteinbearbeitungszentren der Welt", heißt es in der offiziellen Schrift „Meerestor Litauens". „Mit der Herstellung von auserlesenen Schmucksachen und Souvenirs aus Bernstein beschäftigt sich eine Betriebsabteilung des Kombinats für Kunsterzeugnisse ‚Dailė'." Dieses Werk wurde erst vor kurzer Zeit in Betrieb genommen, erfahren wir.

Nun, da wir das Meer gerochen haben, ist eine andere Frage naheliegend: „Können wir nicht auch ein Stückchen durch den Hafen fahren? Das wäre sehr interessant!“

Aber unsere Begleiterin winkt ab.

„Das geht nicht“, sagt sie. „Die Wege dort sind zu schlecht. Aber Sie werden noch einiges davon sehen. Und schon jetzt werde ich Ihnen davon berichten.“

Wir sind ob solcher Auskunft skeptisch. ‚Aha‘, denken wir. ‚Hafenanlagen, das sind immer Geheimsachen. Da sollen wir also nicht hin.‘ Später aber bestätigt eine Mitfahrerin: „Wir waren in der Hafengegend. Sie (die Reiseleiterin) hat recht. Da sind Schlaglöcher über Schlaglöcher. Ein Bus kann kaum fahren.“ Und bald auch werden wir mit eigenen Augen sehen können, was dieser Hafen alles zu bieten hat.

„Klaipéda“, so hören wir, „ist das Meerestor Litauens. Dies ist ein Hafen, den Schiffe das ganze Jahr über anlaufen können. Denn er bleibt sogar im härtesten Winter eisfrei. Und seine günstige Lage am kilometerlangen Tief schützt ihn und die Stadt vor Stürmen, bietet viel Platz für sämtliche Hafenanlagen und gestattet den Schiffen gleichzeitig einen Weg aufs offene Meer.“

Nun, das war weitgehend schon immer so. Was aber ist heute anders. Was gibt es Neues? Wie sieht es im einzelnen aus?

„Hier sind Fischerei- und Handelsflotten stationiert, die auch ihre eigenen Häfen haben. Eine Schiffswerft und eine Schiffsreparaturwerkstatt sind ebenfalls bei uns zu Hause.“

Tatsächlich nimmt der Memeler Hafen heute einen hervorragenden Platz im gesamten Ostseebereich ein. Alle Kenner loben seine Anlagen und seine Arbeitsweise.

„Klaipéda ist einer der größten Fischereihäfen der Ostsee“, hebt „Meerestor Litauens“ hervor. „Die litauischen Fischer sind auf vielen Meeren und Ozeanen der Welt bekannt. Ihre Produktion erfreut sich einer großen Nachfrage, nicht nur in Litauen, sondern auch in vielen anderen Ländern.“

Die völlige Veränderung des Memeler Fischfangs beschreibt die Werbeschrift „Klaipéda“ so: „So lösten sich in den Nachkriegsjahren zum erstenmal in der Geschichte unseres Landes die litauischen Fischer von der Ostseeküste und dem Kurischen Haff los und fuhren hinaus in die Weiten des Nordmeeres und der Barentsee, in den uferlosen Atlantischen Ozean, zu den kanadischen und südafrikanischen Küsten."

Das Bild des Fischereihafens mit seinen Kais, Portalkränen, Trawlern, Gefrier- und Transportschiffen ist imponierend, wie wir bald mit eigenen Augen sehen sollen. Auch die mächtigen Bauten der Baltischen Werft sind in diesem Teil des Hafens zu finden. 24 Schiffe gleichzeitig kann die Reparaturwerft aufnehmen.

Noch eindrucksvoller ist das Bild im Handelshafen. Die lange Reihe moderner Portalkräne bietet einen faszinierenden Anblick. Sie werden zum Teil elektronisch gesteuert und können bis zu 16 Tonnen Ladung hieven

Entsprechend groß sind diese Flotten. Insgesamt — Fischerei und Handel — sind es einige hundert Schiffe. Drei Fischfang- und Fischverarbeitungsschiffe sind darunter. Die Memeler Schiffe bringen vier Prozent des gesamten sowjetischen Fischfangertrages ans Ufer.

Einige Fischkonservenfabriken sorgen dafür, daß die Republik (Litauen) zu 90 Prozent von hier versorgt wird. Außerdem gibt es dort eine Fabrik, in der Fischereigeräte hergestellt werden, sowie zwei Reparaturbetriebe für Schiffs- und Fischverarbeitungsanlagen.

Immer noch bedeutend ist der Holztransport — wie auch die Holzverarbeitung im nun Zellstoff- und Papierkombinat genannten Werk weitergeht. Es ist das einzige dieser Art in Litauen. Die modernen Holzfrachter vom Typ Mirny sind 3000 Tonnen groß und fahren nach Italien, Frankreich, Jugoslawien und Marokko. Sie werden auch für den Getreidetransport eingesetzt, das nach Großbritannien, Belgien, Holland und in die DDR geht. 4500-Tonnen-Frachter der Typen Donbass und Skipper Gek sind für die Kohlen- und Erzverschiffung bestimmt. Ihre Ziele: Finnland, Schweden und Dänemark.

Schwimmkräne mit einer Tragfähigkeit von 15 und 50 Tonnen, Gabelstapler-Lkw und elektrische Gabelstapler, Gleisanschlüsse sorgen dafür, daß Memel zu einem anerkannt schnellen Hafen geworden ist. Jährlich werden bis zu 5000 Schiffe abgefertigt.

Daß da Schiffe und Schwimmdocks gebaut werden, ist kein Wunder. Auch nicht, daß die übrige mit dem Hafen verbundene

Das Bild oben zeigt den Blick nach Osten entlang der Dange auf ein Industrieviertel des alten Memel. Unten sehen wir das große Hafenbecken, mit den Kais, Speichern und Dampfern, wie es früher aussah.

Industrie eine große Rolle spielt, vor allem also die Fisch- und die Holzverarbeitung. Aber auch mehr als die Hälfte der Baumwollgarne und 15 Prozent der Milch- und Fleischproduktion in Litauen kommen von dort. Dazu dient unter anderem die neue Fleischkonservenfabrik.

Es gibt ferner Fertigungsstätten für den Bau von Maschinen und Elektroanlagen. Auf dem Gelände der ehemaligen Streichholzfabrik in Janischken, östlich vom Zentrum, arbeitet eine Möbelfabrik. Einen Dienstleistungsbetrieb für Möbelreparaturen gibt es ebenfalls.

Die Molkerei liefert täglich 100 Tonnen Milch- und Milchprodukte, die beiden Brotfabriken 50 Tonnen Backwaren. Die über 100 Jahre alte, modernisierte Aktienbrauerei hat das Rezept für sämtliche litauische Bierbrauereien. 20 Tonnen alkoholfreie Getränke kommen ebenfalls von dort.

Liegt es an Gorbatschows Anti-Alkohol-Feldzug oder war man hier schon immer enthaltsamer? Jedenfalls begegneten wir im Memel von heute nicht den schwankenden Gestalten, die im polnischen Teil Ostpreußens zum Straßenbild gehören und die auch bei uns nicht gerade eine Seltenheit sind.

Zu weiteren bemerkenswerten Einrichtungen zählt der Reiseführer „Klaipėda“: „Memel hat 138 Läden, mehr als 100 Pavillons und Kioske (die in der Sowjetunion eine große Rolle spielen), über 200 Imbißstuben, Gaststätten und Büfetts. Fast alle Läden haben Selbstbedienung. Der größte Lebensmittelladen ist ‚Kosmos‘ in der Kaunas-Straße.“

Memel ist — nach Königsberg — die zweitgrößte Stadt im heutigen ostpreußischen Gebiet und mit Abstand diejenige, die sich am explosivsten entwickelt hat. So stieg die Einwohnerzahl fast um das Fünffache, von 43 000 auf rund 200 000. Die Schrift „Meerestor Litauens“ errechnete sogar eine Steigerung um das Zehntausendfache. Denn „im Januar 1945 zählte die Stadt nur 28 friedliche Einwohner“. Und Anfang des Jahres 1987 feierte sie die Geburt ihres 200 000. Einwohners. Es war ein Mädchen, das die Eltern Juratė (Meerestochter) tauften.

Inzwischen sind schon wieder einige Tausend hinzugekommen. Die Stadt hat heute die Einwohnerzahl des früheren gesamten Me-

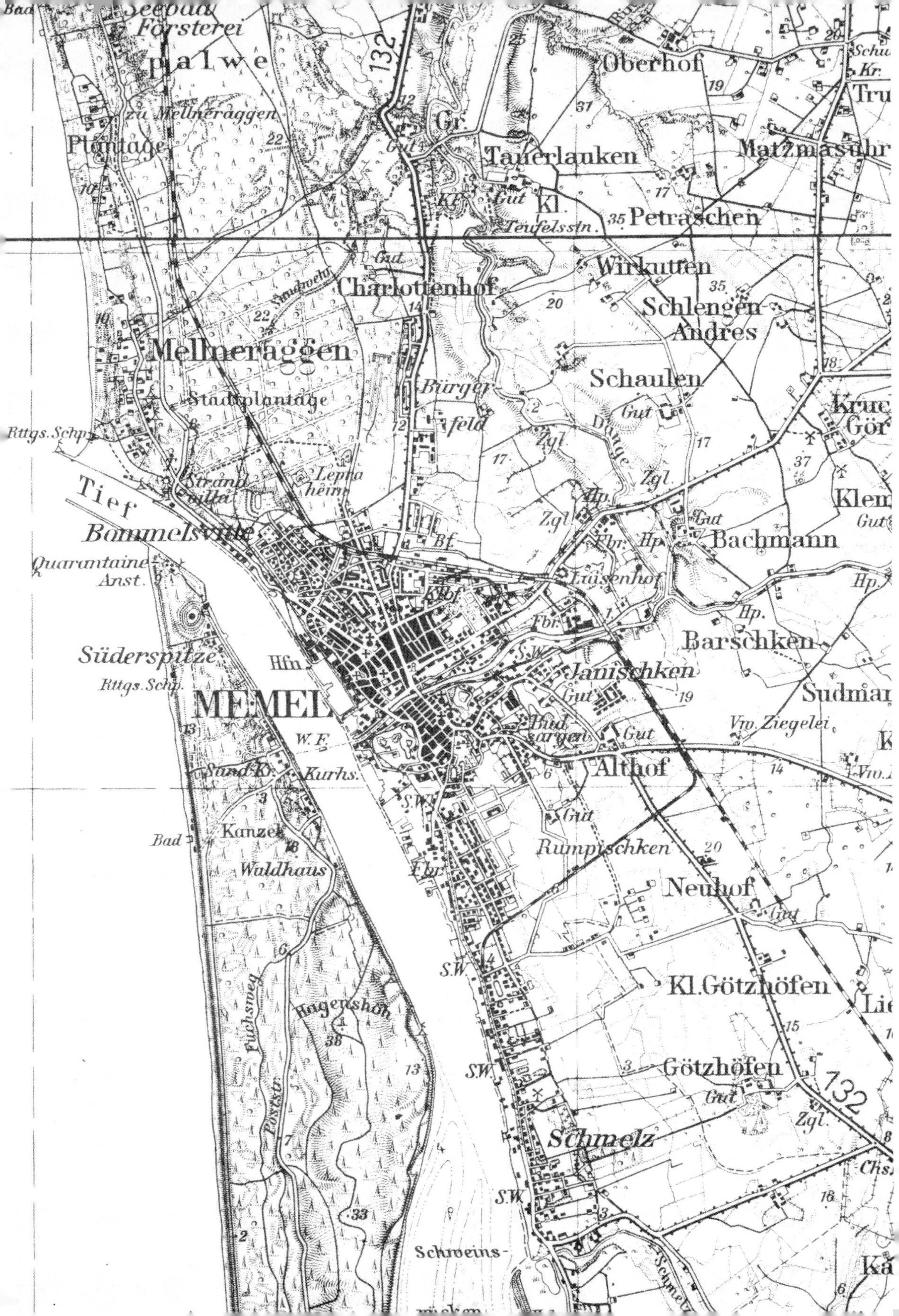
Försterei
Plawe
132
Oberhof
zu Mellneraggen
Plantage
Gr.
Tauerlauken
Matzmasuhr
Kl.
Petraschen
Teufelsstn.
Wirkutten
Charlottenhof
Schlengen-
Andres
Mellneraggen
Schaulen
Stadtplantage
Bürgerfeld
Dange
Rttgs. Schp.
Strandvilla
Lepraheim
Tief
Bommelsvitte
Bf.
Bachmann
Quarantaine Anst.
Luisenhof
Barschken
Süderspitze
Hfn.
Rttgs. Schp.
Janischken
Sudman
MEMEL
Budsargen
Vw. Ziegelei
W. F.
Althof
Sand Kr.
Kurhs.
Rumpischken
Kanzel
Bad
Waldhaus
Neuhof
Kl. Götzhöfen
Fuchsweg
Hagenshoh
Poststr.
Götzhöfen
Schmelz
Schweins-

melgebietes (155 000) um ein Drittel überflügelt. Und das bei einer Fläche von 63 Quadratkilometern gegenüber 2848 damals zwischen Schmalleningken und Nimmersatt!

Die Wohnungsnot ist nun das größte Problem im Klaipéda von heute. Nur wenig mehr als doppelt soviel Wohnraum, wie die 43 000 Einwohner einst hatten, stehen den über 200 000 zur Verfügung. Das bedeutet, daß rein rechnerisch jede Familie mit weniger als der Hälfte des früheren Platzes auskommen muß.

Die Bilanz, die die Stadtspitze für den Wohnungsbau zieht, ist zwar beeindruckend. Dennoch bleibt hier noch viel zu un. Danach leben bereits 83 Prozent der Bevölkerung in Häusern, die nach dem Kriege errichtet wurden. (Etwa die Hälfte aller Bauten war im Kriege zerstört worden.) Allein 1987 wurden 1180 Wohnungen gebaut. Das ist das offizielle Ziel: Bis zum Ende des Jahrhunderts muß jede Familie eine Wohnung oder ein eigenes Haus haben!

Die Neubauten entstehen in Wohnsiedlungen, die sich wie Satelliten rund um die Altstadt versammeln. Von Plantage bis Schmelz, von Janischken bis Mellneraggen reicht der Ring dieser modernen Stadtteile. Sie sollen keine Fremdkörper sein, sondern sich möglichst harmonisch in das gewohnte Bild einfügen.

„In der neuen architektonischen Silhouette Klaipédas“, meint die Schrift „Klaipéda“, „sind auch Züge einer alten Ostseestadt zu erkennen. Das ist eine ausgeprägte schöpferische Weiterführung der Stadtgestaltung, die in der anspruchsvollen Gestaltung der Sichtseiten von Bauten mit roten Backsteinen, in der an die kegelförmigen gotischen Ziegeldächer erinnernden Silhouette, in den Schmuckelementen aus Holz zum Ausdruck kommt. Dieses Bild wird durch Elemente der Kleinarchitektur harmonisch ergänzt.“

Auch wir sind beeindruckt von dem Bemühen, Neues zu schaffen, das die Verbindung zum Alten sucht, riesige Wohnkomplexe zu errichten und dennoch das Auge nicht zu kränken. Vielleicht ist es zu kühn; aber von alledem, was wir im Osten — und nicht nur dort! — sahen, ist dieses das sympathischste Beispiel für eine moderne Wohnsiedlung.

Fortsetzung des Textes auf Seite 81

Das Hotel „Klaipėda“ mit Lenin-Denkmal — Symbol der neuen Stadt.

Die Restauration der Altstadt ist zur Hälfte abgeschlossen. Einige Straßen und Gäßchen sehen aus wie einst.

Breite rote Ziegeldächer markieren, daß hier, in Richtung Norden, die Gebäude aus alter Zeit im Stadtkern weithin erhalten geblieben sind. Im Hintergrund die backsteinfarbenen Hochhäuser eines Neubauviertels.

Die grüne Alexanderstraße aus der Vogelschau. Rechts der mächtige Turm der Hauptpost mit Gerüst für den Einbau eines Glockenspiels aus Thüringen.

Ein eindrucksvoller Blick vom Hotelturm: im Vordergrund die Königin-Luise-Schule — heute eine russische Schule —, der Hafen mit der endlosen Reihe von Kränen, das Memeler Tief, das rechts ins Meer mündet, an seinem jenseitigen Ufer der nördlichste Zipfel der Kurischen Nehrung.
Das alte Bild zeigt die Königin-Luise-Schule im linken oberen Bildviertel.

So sah das Memeler Stadttheater vor dem Krieg aus.

Das Stadttheater — noch sieht die einstige Schmuckfassade trist aus. Aber das traditionsreiche Haus, in dem auch Richard Wagner dirigierte, wird restauriert. Kostenpunkt: sechs Millionen Rubel.

Der Memeler Hafen mit Schwimmdock und Krananlagen.

Deutsche Spuren im heutigen Memel.

Das Meeresmuseum im alten Nehrungsfort zieht viele Besucher an.

Mitten auf dem Memeler Tief:. Rechts das Festland mit den ausgedehnten Hafenanlagen; links die grüne Nehrung. Nach Norden zu wird das Tief immer enger, dort, wo die Ostsee in unendlicher Weite wartet.

Der Ostseestrand in Mellneraggen hat im Sommer „Besucher aus der ganzen Sowjetunion", sagt die Reiseleiterin.

Der Memeler Leuchtturm von der Süderspitze aus gesehen.

Auch die alten Häuser von Karweiten stehen da, als habe sich in vier Jahrzehnten nichts geändert.

Das Thomas-Mann-Haus — erstmals von westlichen Gästen besucht.

Diese wertvolle Schatulle ist ein Stück aus dem legendären Königsberger Bernsteinzimmer, das im Bernsteinmuseum von Polangen (Palanga) gezeigt wird.

Da ist das Waldviertel an der Plantage, nahe der Straße nach Polangen, eine Siedlung für 6000 Menschen, die in elf zwölfstöckigen, neunzehn neunstöckigen und zwölf fünfstöckigen Blocks Platz finden. Kindergarten, Einkaufszentrum, Post, Apotheke (von denen es in der Stadt viel zu wenig gibt), Dienstleistungsräume gehören dazu.

Wir blicken auf den Komplex, der eine Stadt für sich ist und dennoch ein Teil des Ganzen. Beherrschend im Mittelgrund zwei Wohntürme, an den Seiten und zu je einem Viertel auch an den Rändern der Fronten roter Backstein, dazwischen Balkone mit weißen Wänden, die wiederum durch einen roten Streifen unterbrochen sind.

Dahinter in lebendiger Abwechslung die fünf- und neunstöckigen Bauten, die durch Balkonreihen aufgelockerten Fassaden mit viel Weiß und Grau und vereinzeltem Rot. Davor Pavillonbauten, ein Einkaufszentrum, ebenfalls von roter Farbe und mit großen Glasflächen. Ganz vorne eine Schnellstraße mit Grünstreifen.

Das alles eingebettet in den herrlichen Wald von Försterei. Man hätte sich allerdings mehr Grün und Baumbestand innerhalb der Siedlung wünschen können. Um so schöner ist die Umgebung mit einem prächtigen Mischwald, der bis an den nahen Ostseestrand reicht. Es gibt nicht viele Regionen, die solche Plätze haben.

Nicht weit von dort, bei Königswäldchen, ist auch der Standort einer Poliklinik. Mit ihren 600 Betten und verschiedenen Spezialabteilungen soll sie mehr als 60 000 Einwohnern dienen. Gar für 1200 Patienten ist die neue Poliklinik in Richtung Schmelz gedacht. Nicht zu vergessen die Entbindungsanstalt mit 200 Betten — bei dem flotten Zuwachs sicher nicht zu viel!

Es gibt also genügend Arbeit für das eigene Baukombinat. Dieses liefert Serienhäuser, und das muß in großer Zahl geschehen; denn der Bedarf ist unersättlich.

Übrigens: Es lohnt sich immer ein Test im Neubau, der so sicher ist wie die Lackmus-Färbung im Reagenzglas: Man gehe ein paar Schritte ins Treppenhaus. Sieht es unsauber aus und riecht es entsprechend, dann befindet man sich in einem sozialistischen Haus. (Obgleich das Äußere ansehnlich und die Wohnungen selbst sauber und ordentlich sind.) So geschehen auch in Memel-Klaipéda. Der

Gemeinsinn bleibt trotz allem auffällig unterentwickelt, strauchelt auf der Treppe.

Nach der Stadtrundfahrt gibt es Informationen aus erster Hand. Pressekonferenz beim Vorsitzenden des Exekutivkomitees des Stadtsowjets der Volksdeputierten der Stadt Klaipéda, Alfonsas Zalys, in freier Übersetzung Oberbürgermeister.

„Wir sind eine Großstadt, die in jeder Beziehung jung ist", beginnt er. „Klaipéda hat 203 000 Einwohner" — also sind seit Jahresanfang wieder 3000 hinzugekommen —. „Das Durchschnittsalter beträgt 32,5 Jahre."

In der Tat, auf den Straßen, in den Lokalen, in Bussen und Autos, auf den Schiffen, in den Parks — überall scheinen fast nur junge Leute zu sein. Auf den Bürgersteigen, den Eindruck haben wir, ist das Durchschnittsalter noch niedriger.

Der Mann an der Frontseite des wuchtigen, blanken Holztisches mag eher an der Grenze des doppelten Durchschnitts sein. Dafür sprechen auch seine gesetzten Bewegungen, die bedächtige Art zu sprechen und die Auszeichnungen am Revers seines gut geschnittenen Anzugs. Die beiden roten Wimpel vor ihm lassen keinen Zweifel daran, daß hier der erste Mann der Runde und der Stadt sitzt.

Auch seine Begleitung, zum Teil im dunklen Anzug, durchweg weißes Hemd und Krawatte, hat die 32,5 Jahre überschritten. Es ist die ganze Spitze der Stadtverwaltung, darunter die einzelnen Dezernenten, die auf Spezialfragen antworten sollen. Aber nur einer kommt zu Wort, als es um Details der Altstadtsanierung geht. Übrigens stehen nur Mineralwasserflaschen auf dem Tisch. Bier oder sonstiger Alkohol unterliegen selbstverständlich dem Bann der Gorbatschowschen Verordnungen.

Der Oberbürgermeister gibt zunächst einen allgemeinen Überblick. Manches wissen wir schon. „Klaipéda ist eine Hafenstadt", sagt er. „Zu 43 Prozent haben wir daher auch Hafenindustrie. Wir besitzen große Flotten für den Handel und für den Fischfang. Alles, was wir zur Verarbeitung benötigen, befindet sich ebenfalls in der Stadt.

Wichtig sind weiterhin unsere traditionellen Industrien, so die Holzverarbeitung, Milch- und Fleischindustrie. Unsere Pro-Kopf-

Produktion an Fleisch beträgt 120 Kilo. Die meisten Betriebe wurden erst in den letzten 15 Jahren geschaffen. In dieser Zeit vollzog sich auch im wesentlichen der Aufbau der Stadt." Mit anderen Worten: In den letzten eineinhalb Jahrzehnten hat sich Memel verändert, ist Klaipéda entstanden.

38 000 Einwohner — das heißt fast jeder Fünfte — besuchen eine Schule. 30 000 gehen in allgemeinbildende Schulen, von denen nur zwei aus der Vorkriegszeit stammen. Die acht Berufsschulen wurden sämtlich erst in den letzten 15 Jahren gebaut. 6000 Lernende gibt es dort. In Klaipéda sind ferner vier Filialen von Hochschulen der Republik Litauens mit 6000 Studenten zu Hause.

„Wir haben ein neues Schauspielhaus", berichtet Alfonsas Zalys weiter, „ein Musiktheater, das seit 1. Januar 1987 besteht, den Saal der Staatlichen Philharmonie, ein Heimatmuseum, ein Uhrenmuseum, ein renommiertes Meeresmuseum" — das wir auch noch besichtigen werden — „sowie eine Menge von Kulturhäusern und Klubs."

„In diesem Herbst wird ein ganzer Komplex von Kunstausstellungshallen eröffnet." Galerien und Darstellende Kunst stehen hoch im Kurs. Zunächst war die Gemäldegalerie an der Ecke Turnplatz — Alexanderstraße vorherrschend. Dort, in den vornehmen Häusern aus der Zeit um die Jahrhundertwende, werden in 17 Sälen auf 1610 Quadratmeter rund 3000 Arbeiten vorwiegend litauischer und russischer Maler ausgestellt. In einem besonderen Raum wird auch westeuropäische Kunst gezeigt. 1500 Meter muß man zurücklegen, wenn man die ganze Anlage besichtigen will.

In den letzten Jahren kamen neue Ausstellungen, vorwiegend in einstigen Bürgerhäusern, so auch im ältesten Fachwerkbau, dazu. Nun der zweite große Galeriekomplex.

Kunstwerke der verschiedensten Art — Metallplastiken, Skulpturen aus Stein, Glasmalereien, Schmiedearbeiten — sind allenthalben zu sehen, in Parks, an Wänden, in den Fenstern, in Apotheken, innerhalb von Einkaufszentren, in Gaststätten und Cafés, an Straßenkreuzungen und so weiter.

Dies ist eine kunstfreudige Stadt. Das beweisen auch die zahlreichen entsprechenden Veranstaltungen, so der Musikfrühling im

Mai, der Chorwettbewerb Simkus, das Festival der Tanzensembles und das besonders volkstümliche Meeresfest im August. Dann wird es auf der sonst recht ruhigen Dange lebendig, gar turbulent. Ein bunter Bootskorso fährt den Fluß entlang, farbenfroh und einfallsreich geschmückt. Es ist wie im Karneval. Wettbewerbe, Ausstellungen und Messen gehören zum Programm.

Nicht zu vergessen in dem Zusammenhang auch die jährlichen Segelregatten. Seit 1974 hat Memel einen neuen Jachthafen.

Zurück zum Pressegespräch im Konferenzzimmer des Hotels „Klaipéda". „Wir wissen", fährt der Oberbürgermeister fort, „daß es bei uns noch viel zu tun gibt. Wir haben noch einige Probleme. Da ist vor allem das der knappen Wohnungen. Sie haben sich selbst schon davon überzeugen können, was wir auf dem Gebiet getan haben. Wir sind bemüht, die Ziele, die wir uns gesteckt haben, zu erreichen. Also vor allem, daß bis zum Ende des Jahrhunderts jede Familie eine Wohnung oder ein eigenes Haus haben muß."

„Dann", so das Stadtoberhaupt weiter, „ist die Altstadtsanierung ein wichtiges Anliegen. Das ist ein Gebiet von 70 Hektar. In den letzten 15 Jahren haben wir 50 Prozent der Aufgaben erfüllt. Der Rest wird in den nächsten zwölf, dreizehn Jahren folgen." Das bedeutet also, daß zum Anfang des nächsten Jahrtausends die Memeler Altstadt wie einst dastehen soll. „Die Altstadt war in einem sehr schlechten Zustand", führt er weiter aus. „Und wir geben uns große Mühe bei der Arbeit. Wir restaurieren auch kleine Häuser, die sonst nicht restauriert werden."

„Wir haben gerade angefangen", hören wir weiter, „einen Fischmarkt zu projektieren. Nächstes Mal, wenn Sie zu uns kommen, werden wir Sie dazu einladen können." Der Memeler Fischmarkt war bekannt und beliebt bei der ganzen Bevölkerung. Soll wirklich dort alles werden wie einst? „Unser Motto"; sagt Zalys, „heißt: restaurieren und bessermachen!"

Maßnahmen zur Verbesserung — angesichts veränderter Bedingungen — sind: eine neue Brücke über die Dange, die 1987 fertiggestellt wurde und die Umleitung des Autoverkehrs im westlichen Teil zur Entlastung der Altstadt.

„Jährlich haben wir 1500 Privatautos mehr", berichtet der Vorsitzende des Exekutivkomitees. „Uns fehlen Garagen und Parkmöglichkeiten. Im nächsten Jahr werden wir daher ein Parkhaus bauen.“

Tatsächlich herrscht auf den Memeler Straßen reger Betrieb, im erstaunlichen Gegensatz zu den Verhältnissen auf dem flachen Lande. Kann man dort noch gemütlich auf den Straßen anhalten oder sie überqueren, so ist hier Laufschritt geboten. Auch an den Fußgängerüberwegen. Die Autofahrer stoppen nur ungern. Und die Fußgänger wissen das. Sie bleiben entweder geduldig stehen, bis der Fahrzeugstrom einmal abreißt, oder sie jagen im Eiltempo über die Fahrbahn — jung genug sind die meisten ja!

Als weiteren Problemkreis nennt der Oberbürgermeister die Freizeitgestaltung, vor allem für die Jugendlichen. Das Angebot ist durchaus beachtlich, aber angesichts der großen Zahl von jungen Menschen schon keineswegs ausreichend.

„Wir haben gute Sportmöglichkeiten“, hören wir. „Dazu gehören vier Hallenbäder, eine Kunsteisbahn, ein Leichtathletikstadion“ — 12000 Zuschauer faßt der Sportplatz am Plantagenfort, 3100 Quadratmeter mißt der Platz in der seit 1976 bestehenden Leichtathletikhalle — „und eine Radrennbahn. Ein Klaipédaer Radrennfahrer ist soeben Weltmeister geworden. Ein weiterer Sportpalast ist im Bau. — Neuerdings haben wir auch eine Kunstschule für Kinder ab zwölf Jahre. Sie besuchen dort gleichzeitig eine begleitende Oberschule.“

Das Thema Umweltverschmutzung ist auch dort nicht unbekannt. Eine 200000-Einwohner-Stadt schafft genügend Sorgen auf dem Gebiet. In den letzten Jahren wurden daher zahlreiche Kläranlagen gebaut, eine städtische und mehrere in den Betrieben. Schon nächstes Jahr soll eine biologisch arbeitende Anlage ihre Arbeit aufnehmen.

Hoffentlich bekommt man die Sache damit rechtzeitig in den Griff. Noch sind die Strände sauber. Möge ihnen das Schicksal etwa der Danziger Bucht erspart bleiben, wo Badeverbot erlassen werden mußte und die Verschmutzung schlimme Formen angenommen hat. Auch aus der Königsberger Gegend hört man von bedenklichen Verunreinigungen.

Im ganzen Osten wurde offenbar diese Gefahr erst spät erkannt. Sie könnte dennoch leichter als anderswo gebannt werden, wenn der

Staat mit seiner Allgewalt sich jetzt voll und mit dem nötigen Nachdruck auf sie konzentrieren würde. Im Memel scheint das der Fall zu sein.

Nun sind wir mit unseren Fragen an der Reihe. „Wir freuen uns, daß wir endlich hier sein können", sage ich. „Aber es muß noch sehr viel mehr geschehen, wenn es einen wirklichen Tourismus geben soll. Besteht Hoffnung, daß auch bald Passagierschiffe anlanden können? Und was versprechen Sie sich in diesem Zusammenhang von der viel diskutierten Eisenbahnfähre Memel — Travemünde oder Kiel?"

„Noch reichen unsere Kapazitäten dafür nicht aus", lautet die Antwort. „Wir haben zwar dieses schöne Hotel ‚Klaipéda', und wir errichten ein weiteres Hotel; aber es sollten mehr folgen. Auch ‚Intourist' sollte hier ein eigenes Hotel bauen. Wir alle sollten hier ein Hotel gemeinsam bauen. Noch gibt es keine Möglichkeit für einen Besuch mit dem Schiff. Wir haben noch keinen Hafen für Passagierschiffe." Er spricht es nicht aus; aber man hört es deutlich heraus: N o c h haben wir keinen Hafen. — Und wir denken an unsere Information, wonach ein entsprechender Kai bereits im Bau sein soll.

Was die Fährverbindung nach Schleswig-Holstein betrifft, die bei uns schon viel Aufsehen erregte und angeblich fast beschlossene Sache schien, ehe es dann doch noch Schwierigkeiten angeblich wegen der sowjetischen Platzwünsche hier gab, so bekommen wir eine erstaunliche Auskunft: „Eine Fährverbindung nach Kiel wurde hier noch nicht offiziell diskutiert."

Im übrigen allerdings ist das Stadtoberhaupt sehr von der Einrichtung von Eisenbahnfähren angetan. Seit 1986 verkehrt die größte Fähre auf der Ostsee zwischen Memel und dem DDR-Hafen Mukran auf Rügen. „Damit nimmt der Hafen den führenden Platz unter den sowjetischen Ostseehäfen ein", meint die Schrift „Meerestor Litauens"

„Diese Linie hat nicht nur eine Bedeutung für die Stadt, sondern für die ganze Sowjetunion", erklärt der Oberbürgermeister. „Bereits jetzt verkehren zwei Fähren, von uns und von dort. In Kürze wird eine weitere Fähre von beiden Seiten eingesetzt. Dann werden es insgesamt sechs Fähren sein. 17 bis 18 Stunden ist eine Fähre von Klaipéda nach Mukran unterwegs. Vier Stunden dauert es, bis alles ent- und verladen ist. 103 bis 107 Waggons haben Platz auf einer Fähre. Wenn nur 17 Waggons drauf sind, sind wir schon zufrieden.

Was Klaipéda betrifft, so hatten wir durch die Fähre die Möglichkeit, viel mehr Häuser in der Stadt zu bauen. In diesem Jahr haben wir dank der Fährverbindung angefangen, den Sportpalast für 3000 Zuschauer zu bauen. Nächstes Jahr wollen wir — auch mit Hilfe dieses Geldes — ein spezielles Krankenhaus bauen. Es wird 360 Betten haben." (Bisher, so teilte das Stadtoberhaupt mit, gibt es 3200 Betten in den medizinischen Einrichtungen und 1200 Ärzte.) Auch verschiedene Projekte für die Jugend werden aus den Erträgen der Fährverbindung finanziert.

„Leben noch viele Deutsche in der Stadt?" wollen wir wissen. Die Antwort: „Es sind noch über 100 Familien, soweit wir jetzt wissen. In zwei Jahren werden wir dazu neue Angaben machen können." Diese Zahl mag wohl stimmen, auch wenn man aus der Erfahrung in anderen östlichen Bereichen, vor allem im polnischen, gegenüber solchen Zahlenangaben skeptisch sein mag. Hier war kein Versuch spürbar, das Vorhandensein von Deutschen zu leugnen. Weit mehr Landsleute als in der großen Stadt hier leben jedenfalls in den Dörfern und Städten des alten Memellandes.

Ob viel oder wenig — „könnten wir bei einem Besuch hier auch privat wohnen?"

„Wer in der Stadt ist, der kann übernachten, wo er will, auch privat", lautet die höchstamtliche Auskunft, und das ist gewiß eine bedeutsame Feststellung. „Wenn es anders noch nicht klappt oder zu umständlich ist", werden wir aufgefordert, „so kommen Sie doch auf dem Luftwege. Es gibt Reiseunternehmen mit eigenen Flugzeugen; sie können also direkt herfliegen."

„Allerdings", gibt der Spitzenmann des Exekutivkomitees zu bedenken, „vorerst geht das immer nur für zwei Tage. Unsere Hotel-Kapazitäten reichen noch nicht. Bald aber werden Sie fünf Tage und mehr bei uns bleiben können."

„Wie viele Besucher kommen insgesamt aus der Bundesrepublik Deutschland hierher?" lautet die nächste Frage.

„1987 waren es 700 bis 800 Touristen von dort. Im nächsten Jahr erwarten wir bereits 2000 bis 3000", lautet die Antwort. Das ist immerhin eine 300prozentige Steigerung. „Die Zahl der Einzelreisenden ist sogar um das Vier- und Fünffache gestiegen!" Das ist allerdings nicht sehr verwunderlich; denn vorher war ein solcher Besuch kaum möglich. Immerhin, man reist wieder nach Memel.

„Bei alledem", gibt auch der Oberbürgermeister zu bedenken, „dürfen Sie nicht vergessen, daß wir eben erst damit angefangen haben. Touristik, auf jeden Fall die aus dem Westen, war bisher für uns ein Fremdwort. Da haben wir noch viel zu lernen, und es gibt einen großen Nachholbedarf."

Und plötzlich steht das Zauberwort wieder im Raum: Perestroika — es soll sich alles, alles wenden!

„Perestroika gibt es jetzt auch im Tourismus", erklärt das Stadtoberhaupt. „Davon bin ich überzeugt. Sie haben einen schönen Anfang gemacht. Ich bin sicher, daß es nicht mehr lange dauern wird, bis die Besucher auch privat hier bleiben werden. Und daß es bald viel mehr sein werden."

Das war ein gutes Schlußwort, ein gutes hoffnungspendendes Wort überhaupt. Wir waren zuversichtlicher als je zuvor, daß Memel nun in der Tat auch für uns wieder greifbar nahegerückt ist, daß eine Tür aufgestoßen wurde zum Land an der Memel, am Haff und am Tief. Und nicht nur dorthin!

Nun hatte dieser Tag schon so viel für uns gebracht. Und doch wartete das Größte, das Schönste, das Überraschendste noch auf uns!

Die Kurische Nehrung — Ein Tag im Paradies

„Top secret!“ raunt mir der Intourist-Direktor zu. „Machen Sie mit?“

Wer kann da nein sagen! „Thomas-Mann-Haus?“ frage ich ebenso leise. Immer wieder hatte ich dieses Stichwort gebraucht, um die Möglichkeit eines Nehrung-Besuches auszuloten. Denn der ehemalige Besitz des Lübecker Schriftstellers und Nobelpreisträgers in Nidden ist das bekannteste Ziel auf der Kurischen Nehrung, jedenfalls zwischen Süderspitze und Grabschter Haken, soweit sie zur Litauischen SSR gehört.

Er lächelt nur und legt den Zeigefinger auf die Lippen. Wenig später startet die wohl ungewöhnlichste Expedition, die in Memel nach dem Kriege aufbrach. Fünf Journalisten — ein Fernsehteam und zwei Zeitungsredakteure — sitzen außer Fahrer und Begleitung in dem kleinen Transporter, der Kurs auf eine Welt nimmt, von der Millionen nur träumen können.

Tempo! Tempo! Die Fähre wartet nicht. In flotter Fahrt, Schlaglöcher und Unebenheiten mißachtend, brausen wir zum Anleger am Tief. Die „Nemunas“ setzt sich in Bewegung, sowie wir an Bord sind. Schon taucht die weitläufige Szenerie des Hafens auf. Wir gleiten an einem Schwimmdock vorüber. Dann ein Heckfänger, mehrere Schiffe, eine endlose Reihe von Kränen, Werftanlagen.

Schließlich blicken wir auf das ganze, siebeneinhalb Kilometer lange Tief, das Wasser, das Festland und Nehrung voneinander trennt. Nach Norden zu wird es immer enger, dort, wo die Ostsee in unendlicher Weite wartet; zum Süden hin streben die Ufer ständig weiter auseinander.

Die Memeler Seite ist ein einziges unübersehbares Hafengelände. Von leuchtendem Grün mit gelbem Sand umrandet vor uns dagegen die Nehrung. Rasch kommt sie näher.

„Darf man hier fotografieren?“ frage ich. Hafenanlagen gehören im Osten zu den Stätten, da Aufnahmen verboten sind.

„Stop" heißt es auf der Kurischen Nehrung vor Schwarzort. Weiterfahrt im Naturpark nur mit Passierschein.

Im Thomas-Mann-Haus erklärt die Hausleiterin vor den Fotos der Eltern des Nobelpreisträgers dessen Lebensweg und die Geschichte seines Heimes.

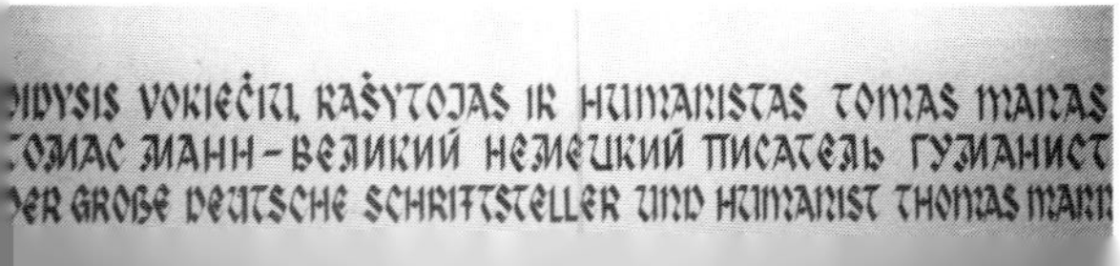

tauisch, russisch und deutsch.

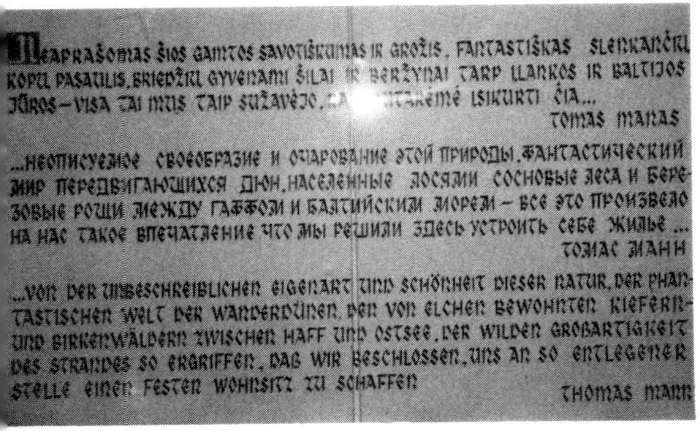

„. . . von der unbeschreiblichen Eigenart und Schönheit dieser Natur, der phantastischen Welt der Wanderdünen, den von Elchen bewohnten Kiefern- und Birkenwäldern zwischen Haff und Ostsee, der wilden Großartigkeit des Strandes so ergriffen, daß wir beschlossen, uns an so entlegener Stelle einen festen Wohnsitz zu schaffen."

In einer Glasvitrine stehen Werke von Thomas Mann; vorwiegend deutschsprachige Ausgaben, aber auch Schriften in litauisch und russisch.

„Natürlich dürfen Sie das. Warum nicht?“ lautet die erstaunliche Antwort. Und nun filmen wir nach Herzenslust. Neben uns steht ein Militärlaster. Seine Insassen, junge Soldaten im kurzgeschorenen Haar, wohl Rekruten, sind ausgestiegen, stehen an der Reling. Das wäre ein Foto-Objekt! Auch das wird uns, auf Nachfrage, gestattet. Lachend blicken die Uniformierten in die Objektive.

Schon sind wir auf der anderen Seite. Tatsächlich auf der Kurischen Nehrung. Ein jahrzehntelanger Traum wird Wahrheit!

Wir haben keine Zeit zu verlieren; denn bis Nidden sind es an die 60 Kilometer, und es ist schon später Nachmittag. Mit aufbrausendem Motor rollt unser Kleinbus vom zementierten Anleger auf eine Teerstraße. Nach kaum 200 Meter teilt sie sich. Rechts geht es nach Sandkrug. Wir fahren links.

Und sogleich nimmt uns der Zauber dieser einmaligen Landschaft gefangen. Krüppelkiefern, soweit das Auge reicht. Davor vielfältiges Flechtwerk, durch das der hellgelbe Sand des Dünenbodens schimmert.

„Hier ist der höchste Punkt der Straße“, erklärt der Intourist-Chef wenig später.

Ist es die 38 Meter hochragende Hagenshöh? Ich halte den Atem an. Wie ein überdimensionales Zeltdach, das auf zahllosen verschieden hohen Pfählen liegt und auf und ab zu schweben scheint, schwingt sich das grünschimmernde dichte Gestrüpp über die ganze Nehrung. Nur auf der linken Seite zeigen hohe Dünen ihr kahles Haupt. Manchmal auch sind sie begrünt. Vereinzelt thronen bizarre Kiefern auf ihnen. Und durch die Mulden zwischen ihnen blitzt wie ein riesiger Spiegel das blaßsilbrige Wasser des Haffs herüber.

Allmählich gesellen sich Birken, Wacholder, Kiefern und Tannen dazu. Wir kommen in den Hochwald von Schwarzort (Juodkrante), der als der schönste Wald der Ostseeküste gilt. Es ist der Rest des Jahrhunderte, wohl jahrtausendealten Nehrungswaldes.

Auch diese Reiseroute ist uralt. Hier war einstens der Postweg, der von Königsberg über Memel nach St. Petersburg führte. Er folgte den Naturgegebenheiten. Später wurde er befestigt. Und jetzt deckt ihn eine Teerschicht. Breiter ist er kaum geworden.

Die „alte Poststraße“ auf der Nehrung ist heute gut befestigt.

Schon jetzt erkennen wir, daß es einen Massentourismus hier schon aus diesem Grunde nicht geben kann.

Und wir sind bereits dankbar dafür; denn es ist gerade die Unberührtheit, die den besonderen Reiz dieser Landschaft ausmacht. Jeder Laut zuviel wirkt störend, ja zerstörend. „Die größten Ereignisse sind nicht unsere lautesten, sondern unsere stillsten Stunden", sagte Nietzsche. Wir sind mitten drin in dem großen Ereignis der stillen Stunde.

„Stop" gebietet plötzlich ein rotes Schild an der Straße. Eine Ampel steht auf Rot. Aus dem weißen Fachwerkhäuschen an der rechten Seite tritt ein Uniformierter.

Hier ist die Kontrollstelle. Niemand kommt mehr ohne Passierschein weiter. Vorher hatten wir an den Straßenrändern noch einige Spaziergänger gesehen, meistens Pilzsammler, die eimerweise Maronen davontrugen. Dies ist ein gutes Pilzjahr. Bis hierher kommen die Memeler, zu Fuß, auf Fahrrädern oder auch mit dem Motorboot über das Haff. Aber nicht weiter!

Unsere Papiere sind in Ordnung, von höchster Stelle genehmigt. Die Ampel springt auf Grün. Nun sind wir im eigentlichen Sperrgebiet.

„Nicht aus militärischen Gründen", sagt unser Begleiter. „Oder haben Sie schon irgendwo Raketen entdeckt?" Er lacht. Und fährt dann erklärend fort: „Nein, wir müssen diese einmalige Natur schützen. Darum wird der Zugang genau reglementiert. Es sind auch nicht mehr als 12000 Besucher jährlich in den Erholungsheimen zugelassen."

Nun ist kaum noch ein Mensch zu sehen — nur stiller, lichter Wald. Kilometerweit zieht er sich am Haff hin, an dessen Ufer kleine Schilfinseln liegen und gelegentlich schmale Landzungen sich weit ins Wasser vorwagen.

Immer dünner wird der blaue Streifen an der anderen Seite dieses großen Binnengewässers, bis er schließlich auf 45 Kilometer zurückweicht und längst nicht mehr zu sehen ist. Von den 90 Kilometern der gesamten Länge des Haffes fahren wir mehr als die Hälfte auf der Nehrung, der Hypotenuse dieses rechtwinkligen nassen Dreiecks.

Schließlich öffnet sich der Wald für ein Dorf, das er liebevoll umschlingt und kraftvoll schützt. Wir sind in Schwarzort. Früher war dies eines der beliebtesten Erholungsziele. Daran scheint sich nicht viel geändert zu haben. Da sind die alten vertrauten, behäbigen Holzhäuser, meist von brauner Farbe, weiße Fensterläden, der blumenreiche Vorgarten, Holzzaun. Auch einige recht schmucke Neubauten sind zu sehen. Alles scheint den Gast willkommen zu heißen.

Dann später, direkt an der Straße, eine rote Backsteinkirche. Auch sie macht einen gepflegten Eindruck. Ob sie wohl noch ihrem eigentlichen Zweck dient? Kaum, denn hier wurden wohl alle Gotteshäuser anderen Aufgaben, vor allem musealen, zugeführt. Ganz in der Nähe ein größerer Neubau, viel Glas. Könnte ein Kulturhaus sein oder ein Restaurant.

Wir aber müssen weiter. Schnell nach Nidden! In Perwelk fallen einige schmucke, kleine Häuschen, aber auch größere Neubauten auf, offenbar Erholungsheime. Preil (Preila) hat sich kaum verändert. Schilfgedeckte Fischerkaten wie eh und je. Dann weiter Mischwald, vereinzelte sturmzerzauste Kiefern.

Kaum zu glauben, daß hier, wo nun alles friedlich und gedeihlich wächst, drei versandete Dörfer begraben liegen. Das ist fast die Hälfte aller sieben Dörfer der Nehrung, die im Laufe von etwa 300 Jahren verschüttet wurden, ehe im 19. Jahrhundert die Wanderdünen vor den Dörfern festgelegt wurden.

Insgesamt blieben nur 35,5 Kilometer von der einst 80 Kilometer langen Zone der Wanderdünen in der ursprünglichen Art erhalten, so wie sie in den wohl 7000 Jahren — so alt ist die Nehrung nach Schätzungen der Fachleute — vom Westwind über den manchmal nur 400 Meter, aber auch bis zu 3,5 Kilometer breiten Landstreifen ostwärts getrieben wurden, bis sie nach Jahrhunderten ins Haff stürzten. Kaum anderswo wurde vergleichbar das unheilvolle Wirken der Natur gestoppt, ohne ihre Eigenart zu zerstören.

Heute, so sagt der Dichter, spricht „die schon entschlafne Düne im Traume mit den Wogen. Sie ragt ins blaue Licht und rührt sich nicht und regt sich nicht. Und selig singt ein leiser Wind: Wie groß doch Gottes Wunder sind!"

Nidden! Das Ziel unserer Wünsche und Träume. Größter und

schönster Ort der Nehrung, Platz der Besonderheiten und der Sehenswürdigkeiten.

Der erste Eindruck: Auch das heutige Nida ist ein Juwel unter den Kostbarkeiten der Nehrung. „Nida ist einer der schönsten und gepflegtesten Orte in der ganzen Sowjetunion“, hören wir. „Manche sagen sogar, er sei der schönste überhaupt.“

Da stehen die alten, heimeligen Häuser, rohrgedeckt, Dachüberstände mit verzierten Kanten. Schnitzwerk an den Giebeln und Ornamente an den Wänden, die wie das Spiel der Wellen aussehen. Frischer Anstrich, hell abgesetzt die Fensterläden — Malermotive ohne Zahl.

Die Neubauten stehen dem nicht nach. Durchweg mit roten Pfannen gedeckt, Balkone, die sich um das ganze Haus ziehen; noch nicht die Ehrwürdigkeit eines hohen Alters, aber sonst zu den Häusern aus der früheren Zeit passend wie Kinder einer neuen Generation zu der angestammten Familie.

Dicht am Haff vorbei geht es eine Strecke in Richtung Norden. Das Ufer ist befestigt, betoniert. Auf dem Plattenweg einzelne Spaziergänger, dann eine Gruppe von Erholungssuchenden, die im Gänsemarsch weiterziehen. Zur Straße zu eine gepflegte Grünfläche.

Bild rechte Seite:
Wir stehen auf dem „Schwiegermutterberg“ vor dem Thomas-Mann-Haus und schauen nach Norden. Dieses Panorama nannte man auch gerne „Italienblick“. Das Bild stammt aus der Zeit vor dem Krieg.

Das Thomas-Mann-Haus — Eine eindrucksvolle Gedenkstätte

„Hier ist es!“, ruft unser Begleiter. „Das ist das Thomas-Mann-Haus.“

Hoch auf dem Berg vor uns steht der schmucke Bau, ein langes, reetgedecktes Haus, dunkelbraun gestrichenes Holz. Das Obergeschoß im Mittelteil mit rundem Dach vorgeschoben, die vier Fenster unten und die beiden oben weiß gestrichen, ebenso die Läden, jedoch mit abgesetzten blauen Gevierten. Am abgewalmten Giebel gekreuzte Pferdeköpfe.

Wir gehen die mindestens fünfzig Stufen der breiten Steintreppe hinauf, kräftige Holzstangen als Geländer und Pfahlwände zur Abstützung. An den Seiten dichter Kiefernbestand. Oben führt der Weg über eine Terrasse, auf der Tische und Stühle stehen, um das Haus. Am Giebel weist eine große Metalltafel in litauischer und russischer Schrift darauf hin, daß Thomas Mann hier von 1930 bis 1932 gewohnt und von 1875 bis 1955 gelebt hat. Vor dem Eingang steht eine hohe Kiefer, deren Krone das halbe Dach bedeckt.

Eine freundliche Dame, langes, aschblondes Haar, leuchtendrotes Kostüm, begrüßt uns herzlich.

„Ich bringe Ihnen die ersten westdeutschen Journalisten“, erklärt Intourist-Direktor Vaigauskas. „Ich hoffe, daß noch viele ihrer Landsleute folgen werden.“

Ein schöner Wunsch; aber wie kann er sich angesichts der wohl unabdingbaren Absperrung erfüllen? Sind Bus-Touren nach Nidden auf dieser schmalen Straße und in Anbetracht der kontingentierten Besucherzahlen überhaupt vorstellbar? Ich frage später nach. „Nein, auch ich kann mir nicht denken, wie wir größere Gruppen von Gästen hierherbringen sollen“, lautet die nüchterne Antwort. „Aber man soll die Hoffnung nicht aufgeben. Und ich habe gelernt, daß jetzt die Zeit der großen Hoffnung ist.“

Hören wir auf die Erläuterungen der Hüterin dieses berühmten Gebäudes. „Thomas Mann baute sich dieses Haus hier, als er 1929 den Nobelpreis für Dichtkunst erhalten hatte. Er kam jeden Sommer mit seiner Familie von München hierher, bis er 1933 Deutschland verlassen mußte."

Sie weist auf einen plakativen Druck. „Der große deutsche Schriftsteller und Humanist", steht dort in Frakturschrift und darunter: „Das Wichtigste für den Künstler ist die Liebe zum Menschen — Thomas Mann." Alles wieder zuerst in litauisch, dann in russisch und schließlich in deutsch.

Und an anderer Stelle lesen wir, wie Thomas Mann selbst die Wahl dieses Platzes begründete. In einem 1930 verfaßten Lebensabriß hatte er zunächst notiert: „Übrigens hatte der Aufenthalt in Rauschen (im August 1929) eine Lebensfolge. Wir besuchten von dort aus die Kurische Nehrung, deren Landschaft uns vielfach anempfohlen worden war, und wirklich sich so gewichtiger Fürsprecher wie W. von Humboldt rühmen kann, verbrachten einige Tage in dem Fischerdorf Nidden und waren . . ." — hier beginnt das im Haus wiedergegebene Zitat — „von der unbeschreiblichen Eigenart und Schönheit dieser Natur, der phantastischen Welt der Wanderdünen, den von Elchen bewohnten Kiefern- und Birkenwäldern zwischen Haff und Ostsee, der wilden Großartigkeit des Strandes so ergriffen, daß wir beschlossen, uns an so entlegener Stelle einen festen Wohnsitz zu schaffen."

Wilhelm von Humboldt, den Mann hier zitiert, hatte über diesen einzigartigen Landstreifen gesagt: „Die Kurische Nehrung ist so merkwürdig, daß man sie eigentlich ebensogut wie Spanien und Italien gesehen haben muß, wenn einem nicht ein wunderbares Bild in der Seele fehlen sollte."

Das ganze Untergeschoß ist dem Gedenken des weltberühmten Schriftstellers gewidmet. Großformatige Fotos zeigen seinen Lebensweg. Schriftzüge geben wesentliche Aussprüche wieder. In einer Glasvitrine stehen seine Werke; vorwiegend deutschsprachige Ausgaben, aber auch Schriften in litauisch und russisch.

„Das Haus hat im Krieg sehr gelitten", hören wir. „Deutsche und dann russische Soldaten haben sich hier aufgehalten." Unter vielen Mühen und mit wissenschaftlicher Gründlichkeit — unter Leitung eines Gelehrten aus Wilna — wurde das Gebäude wieder instand gesetzt. Heute kann es jedermann besichtigen — ohne eine Kopeke Eintritt.

Im Obergeschoß ist das Studierzimmer des Nobelpreisträgers. Vor dem Fenster ein schlichter Tisch. Rechts und links je eine Liege. „Dort schlafen junge Leute, die hier ihren Studienurlaub verbringen", sagt die Haushüterin. Wir treten an den Arbeitsplatz. Hier hat Thomas Mann an seinem Roman „Joseph und seine Brüder" geschrieben.

Überwältigend der Blick durch das Fenster. Die Kiefern davor haben zwar in den 55 Jahren kräftig zugelegt; doch in den Lücken ist noch genug der Herrlichkeit zu schauen. Links der „Italienblick": rote Ziegeldächer, holzverkleidete Giebel, bunte Gärten, hohe Holzzäune, Bäume, Buschwerk, eine kleine Bucht schwingt sich nach rechts in das Haff.

Alles aber wird überstrahlt von dem perlmuttenen Glanz des Wassers, das wie erstarrt scheint, so ruhig liegt es da vor und unter uns. Nur von links bis zur Bildmitte zieht in der Ferne ein feiner blauer Streifen einen Horizont, der einer Fata Morgana gleicht. Ein schmales Wolkenband hat sich darübergelegt, dessen kräftige Farben sich im hellen Wasser widerspiegeln, gleichzeitig kontrastieren sie wirkungsvoll zum blaßblauen Himmel.

Dort hinten, an der Grenze zur Unendlichkeit, muß die Windenburger Ecke liegen, die Halbinsel, die eine spitze Nase ins plötzlich breiter werdende Haff steckt. Uns stockt der Aten vor soviel erhabener Schönheit, die zu uns spricht und doch soviel ehrfurchtsvolles Schweigen verbreitet.

„Hier mußte man Poet sein", flüstert jemand. Dies ist ein Elysium der Künstler. Dichter, Maler, Fotografen hatten hier ihre Heimat des Schaffens gefunden. Auch heute lockt die Nehrung, besonders dieser Ort, Ästheten und Fabulierer an, erfahren wir. Und das ist kein Wunder! Schweigend verlassen wir das Haus und den „Schwiegermutterberg", auf dem es steht. Jedes Wort wäre hier überflüssig, störend gar.

Wir brauchen bloß in die Nachbarschaft zu blicken, wo gleich nebenan in baum- und wacholderbestandener Umgebung ein Märchenhaus steht, von Künstlerhand geschaffen, gewiß auch von einem Kind der Muse bewohnt. Begnadete Welt! Glückliche Menschen!

Auf der Weiterfahrt trinken wir die entrückende Schönheit des Wunders Haff in uns hinein. Dann sind wir an der Niddener Bucht.

Die lange, mächtige Düne ruht wie ein übergroßer Lindwurm am

geschwungenen Ufer. Gewaltige Sandmassen, die bereit zu sein scheinen, sich beim nächsten Sturm in das Wasser zu stürzen. Gelbbraunes Urgebilde, das gleichzeitig zum blauen Himmel strebt wie dem grauen Wasser zueilt.

An seinen beiden Enden trägt das gigantische Untier dunkelblauen Besatz, der links, immer flacher werdend, bis ins Haff reicht. Rechts ragt er steilküstenartig empor. Das ist der Teil, da das Ungetüm gezähmt, da die Düne festgelegt ist, damit dieser südliche Teil des Dorfes vor ihm geschützt wird.

Früher waren weiße Streifen der zahlreichen Wege hinauf eine auffällige Markierung. Heute ist davon nichts mehr zu sehen; zugewachsen, überwuchert ganz offensichtlich. Total gefesselt an beiden Enden, so liegt die mächtige Düne weiter beherrschend vor Bucht und Ort.

Auf dem Land fällt ein flacher Neubau auf, vermutlich ein Restaurant. Am Rande des breiten Sandstrands liegen Ruderboote; dann und wann ein dümpelndes Motorboot an den schmalen Stegen, die weit in die Bucht reichen. Eines braust gerade davon. Möwen fliegen kreischend auf. Zur anderen Seite fällt der Blick auf zwei Fischerboote. Die Angeln sind ausgeworfen. Wasser und Himmel

im zarten Blau-Grau — so schön und unwirklich, als wäre es ein impressionistisches Gemälde.

Auf der Rückfahrt — keine einhundert Meter entfernt — ergötzt sich das Auge an malerischen Häusern, wie fast immer inmitten blühender Gärten. Dann und wann ein aufgedocktes Boot. Weiße Wäsche auf der Leine.

„Die Häuser sind nicht nur aus Tradition schön", hören wir. „Die Behörden achten darauf, daß nur derjenige Zimmer vermieten darf, der sein Haus auch in Ordnung hält. Nida soll schließlich der schönste Ort im Land bleiben."

Da — bitte anhalten! Endlich sehen wir Kurenkähne — wenn auch nur auf dem Rasen. Schwere rechteckige Segel auf klobigen, geteerten Bootsleibern; nur der einst so typische Wimpel ist nicht mehr da. 70 dieser Keitelkähne waren einst in Nidden beheimatet. Heute sind sie längst durch die Motorboote der Fischereikombinate ersetzt. Und die letzten Zeugen aus einer romantischen, aber auch entbehrungsreichen, harten Zeit haben nur noch Erinnerungscharakter.

Diese stehen vor einem besonders schönen und typischen Haus. Ob es das Fischermuseum ist? Auch vor der Kirche und in der Nähe

des Schwarzorter Hafens soll noch jeweils ein Keitelkahn zu finden sein.

Zeit müßte man haben, hier in diesem Ort, auf dieser Nehrung, wo die Muße an ihrer Stelle steht, wo nicht Stundenzahlen, sondern der Hauch der Ewigkeit das Maß aller Dinge bestimmt.

Wir fahren auf eine hohe Düne, die eine wundervolle Aussicht gewährt. Ostsee und Haff hat man hier gleichzeitig im Blick. Im Süden rechts dichter Kiefernwald; vielleicht verdeckt er die Palwe, den schmalen, grünen Streifen, auf dem einst Kühe weideten. Dann die blitzende Ostsee im Gegenlicht der sich schon neigenden Sonne. Links die scharfe Kuppe einer hochragenden Wanderdüne, die steil abfällt. Ist das gar die berühmte Hohe Düne, oder liegt diese versteckt dahinter? Ist dort auch das Tal des Schweigens, das hier ganz in der Nähe sein muß?

Nach Norden hin läßt der dunkle Nehrungswald nur noch schmale, hellblaue Streifen von Ostsee und Haff erkennen. In der Mitte wird er jedoch weit überragt vom Niddener Leuchtturm. Anscheinend hat er seinen alten Platz behalten; es handelt sich aber sonst um einen Neubau im Metallmantel mit rotweißen Streifen, der erheblich größer ist als sein gemauerter Vorgänger.

Rechts ragen Backsteinbauten aus dem Grünblau des Waldes hervor, die sich — zumindest aus der Ferne — gut in das Landschaftsbild einfügen.

Vielleicht sind sie aber auch Zeugen jener Zeit, da die Nehrung in ihrer Urform in höchster Gefahr war. Im Zeichen des Gigantismus war 1961 die Stadt „Neringa“ gegründet worden — der Namenszug ist noch heute neben der Straße vor Nidden zu sehen. Darin wurden die fünf memelländischen Orte Nidden, Preil, Perwelk, Schwarzort und Sandkrug zusammengefaßt.

Die Folge des Großprojekts: asphaltierte Uferbefestigungen und Straßen, riesige Parkplätze, Großbauten — alles für einen geplanten Massenbesuch.

Die Nehrung und ihre malerischen Orte schienen in Stein und Beton zu erstarren, im Staub und Abgas der Blechlawinen zu ersticken. Da geschah ein kleines Wunder: Die Behörden, aufgeschreckt durch die Warnungen der Fachleute und Liebhaber dieses einzigartigen

Landstrichs, erklärten die Kurische Nehrung zum Naturpark. Durchgreifende Maßnahmen stoppten den Angriff des Menschen auf diesen wundervollen Landstrich.

Die Kehrseite: Niemand darf mehr ohne Genehmigung dieses Gebiet betreten. „Die Kurische Nehrung ist ein wahres Naturwunder und muß als solches erhalten werden", konstatierten im Juni 1976 70 Wissenschaftler aus den baltischen Ländern, Weißrußland und der Ukraine auf einer Botaniker-Konferenz in Schwarzort. So ist es wohl auch kein Zufall, daß hier in Nidden immer noch das Denkmal von Förster Kuwert steht, der seinerzeit mit der Aufforstung begonnen hatte.

Hinten in dem dichten Wald scheint auch der Turm der Kirche von Nidden hervorzulugen. Sie ist jetzt ein heimatkundliches Museum. Verklungen der letzte Glockenschlag. Er war erstaunlicherweise noch im Herbst des Jahre 1945 zu hören gewesen. Anna Schekan, die zurückgebliebene Frau des Glöckners, hatte plötzlich so zum Gottesdienst gerufen. Der Fischer Hans Sakuth predigte sogar in deutscher Sprache. Das ist längst vorüber. Beide und fast alle Deutschen sind ausgesiedelt.

Geblieben sind die Toten auf dem nahen Waldfriedhof. Lovis Corinth, der große Impressionist aus Tapiau, hatte diese eigentümliche Ruhestätte mit den altertümlichen Grabtafeln gemalt. Heute stehen sie unter Denkmalsschutz, werden erneuert und nachgeahmt.

Als wir langsam wieder zurückfahren, hoppelt ein Hase vor uns auf dem abschüssigen Weg. „Ein Elch", frozzelt jemand. Unten am Dorfrand tanken wir. Als der Wagen sich wieder in Bewegung setzt, entdecke ich tatsächlich ganz nah am Waldesrand — keine zwanzig Meter entfernt — ein Gebilde, das aussieht wie ein Elch.

‚So ein ausgestopftes Tier hier hinzustellen, ist wohl nicht besonders geschmackvoll', denke ich. Da dreht das vermeintliche Ausstellungsstück plötzlich den mächtigen Kopf, blickt zurück zu uns, so als ob es sagen wollte: Wer stört denn da meine Ruhe? Alles aber in würdiger Gemessenheit.

Doch daran besteht kein Zweifel: Dieses ist ein Elch! Eine Elchkuh zwar, aber ein lebendiges Mitglied dieser majestätischen Tiere, die für Ostpreußen ein Symbol sind.

Seelenruhig und genüßlich labt sich die Elin an den Blättern des Gestrüpps. Sie gestattet mir sogar, einige Filmaufnahmen zu machen. Und dann sind wir es, die den Ort des unglaublichen Geschehens zuerst verlassen, nicht sie. Immer noch des Staunens voll. Gehen denn heute alle Wünsche und Träume in Erfüllung?

Noch einmal Station in Schwarzort. Reihenweise, in großen Ansammlungen hängen dort die Netzreusen auf hohen Pfählen. Gleich an der Straße und bis hinüber zum nahen Haff. Gegenüber auf der anderen Seite der Chaussee steht, eingebettet in einen Talkessel, eine Siedlung von Holzhäusern aus alter Zeit, eines immer schöner anzusehen als das andere. Rotes Ziegeldach, blau- und grüngestrichene Wände, die Fenster weiß, eine vorgebaute Veranda mit kleinen Scheiben rundum, üppig blühende Gärten, Staketenzäune in gleicher Farbe wie das jeweilige Haus, die Spitzen weiß.

Hohe Bäume auf den Hügeln, die das Dörfchen liebevoll zu umarmen scheinen. In der Mitte, nein auch links und rechts, steigt Rauch auf. Ein würziger Duft weht herüber. Kaum ein Zweifel: Wir sind in Karweiten, dem südlichsten Teil von Schwarzort.

Und dies war einst der ertragreichste Aalfangplatz des Kurischen Haffes, einer der bedeutendsten in ganz Deutschland. Viele tausend Zentner dieser köstlichen Fische wurden hier Sommer für Sommer gefangen und geräuchert. Was im Süden der Nehrung die Sarkauer Flundern, waren hier die Schwarzorter Aale. Aus Gärten und Höfen stieg blauer Rauch in die klare Luft. Kiefernzapfen aus dem Nehrungswald lieferten Brennmaterial und kräftiges Aroma.

Das hat sich bis heute offenbar nicht geändert. Die Zeit scheint stehengeblieben zu sein. Als waren wir nie fort. Es ist wie ein Wachtraum voll wunderbarer Bilder. Es ist beglückende Wirklichkeit. Heimkehr nach mehr als vier Jahrzehnten in die alte Welt.

Das Kurische Haff war mit seinen 1700 Quadratkilometern nicht nur das größte Gewässer, sondern auch das fischreichste innerhalb der alten Grenzen. Außer Aalen waren Hechte, Zander, Brassen, Barsche, Schnäpel und Stinte besonders begehrt.

Immer noch ist das Haff ein Hauptlieferant an Aalen; jetzt allerdings für die Sowjetunion. Fast die Hälfte aller in dem Riesenland gefangenen Aale kommt aus dem Kurischen Haff. Einen besonde-

Stolz zeigen die Fischer, was sie heute aus dem Kurischen Haff herausholen.

ren Rang nehmen nach wie vor auch Stint und Zander ein. Auffällig zurückgegangen ist dagegen der Fang von Plötzen.

Zu Ende ist allerdings die einstige Fischfangromantik. Keiner der einst insgesamt 400 Kuren- und Keitelkähne steht mehr unter Segel. Die mühsame, aber meisterhaft verstandene Art des geduldigen Einzelfischens gibt es nicht mehr. So wie der prächtige Kurenwimpel durch die alles beherrschende Hammer-und-Sichel-Flagge ersetzt wurde, so ist an die Stelle des selbständigen Fischers das Kollektiv getreten, an das vertraute Bild der alten Segler die „Kette" des Kombinats; dabei schleppt ein Motorboot eine Reihe von Kähnen an die Fangstelle.

Dennoch: Ein Bild wie das von Karweiten versöhnt das Damals und das Heute, beglückt den Betrachter, der von dem Einstigen träumt und das Heutige kennt. Und vergessen wir nicht: Auch anderswo hat die Zeit viel, oftmals alles verändert. Mehr meistens gar als auf diesem verwunschenen Fleckchen heimatlicher Erde.

Wieder geht es durch den lichten Nehrungswald, wo sich in der Dämmerung Kobold , und Wichtelmänner zu versammeln scheinen. Im milden Abendlicht hat der grüne Teppich aus Krüppelkiefern gar an unwirklicher Schönheit gewonnen.

Mehr noch aber nehmen uns Ruhe und Frieden dieser herzbewegenden Landschaft gefangen. Hier erfahren wir die weihevolle Bestätigung, was schon im anderen, dem südlichen Teil des Ostpreußens von heute auf beglückende Weise zu spüren ist: Dies ist noch Urnatur, heile Welt, erhaltene Schöpfung. Nicht schwärmerische Nostalgie läßt das empfinden, sondern beseligende Wirklichkeit.

Und das Beste daran mag sein, daß es jetzt nicht anders ist als damals, als Martin Kakies, ein besonderer Kenner und Freund der Nehrung, schrieb: „Es ist ein Wunder, daß es mitten in unserem Erdteil dieses Land noch gibt, dieses Land der unendlichen Weite und erhabenen Schönheit, dieses Land des Schweigens und der Stimme der Ewigkeit — Abbild des Alls, Sinnbild unseres Lebens. Es erschüttert unser Herz, es macht uns still und demütig, es gibt uns Trost und Kraft. Wir sehnen uns nach ihm."

Wir verpassen die letzte Fähre, müssen den Umweg über die Sandkrug-Verbindung nehmen, essen im Restaurantschiff „Meridianas", wo sich gutgekleidete junge Pärchen nach flotter Popmusik im Tanze drehen, gehen die letzten paar Schritte zu Fuß ins Hotel — alles wie in Trance.

An Schlaf ist an diesem Abend nicht zu denken. Wir sind zu aufgewühlt, überglücklich. Ein 40jähriger Traum ist wahr geworden, ein Wunsch aus Kindheitstagen hat sich erfüllt. Wir waren wirklich auf der Kurischen Nehrung.

Jetzt erst verstehen wir recht, was wir gelesen hatten: „Es gibt ein Land, da das Schweigen Sprache ist, ein Land, das wie eine Brücke durch die Fluten des Lichts sich spannt, in dem die Berge wandern, ein Land, aus dem es keine Rückkehr gibt. Du lässest dein Herz, wenn du einmal in die Tiefe seiner Einsamkeit getaucht bist, dort und einen Teil deiner Seele."

Heute sind wir im Paradies gewesen.

Das Meeresmuseum — Die Attraktion im alten Nehrungsfort

Noch fehlte uns ein kleines Stück vom Bild der Nehrung, soweit sie zur Republik Litauen gehört. Der nächste Tag schenkte uns auch dies.

Vom Festungsgraben aus starten wir zur Fahrt nach Sandkrug. Alte Speicher am Anleger tragen noch verwitterte deutsche Inschriften. „Raiffeisen“ ist an einer Wand in Großbuchstaben zu lesen. An einem anderen Giebel entzifferten wir über der schweren Holztür „Ernst Markert Getreide Saaten Mehl Futtermittel Tel. 570“.

Wieder der Blick auf die verwirrende Ansammlung von Kränen, auf Docks, Werften und Schiffe — militärische Einheiten sahen wir zu keinem Zeitpunkt —, dann steuern wir direkt auf das alte Kurhaus zu. Sein hohes Dach ragt über die Baumwipfel, das Weiß des erkerartigen Vorbaues leuchtet in der Sonne. Davor ist das Ufer betoniert.

Nicht weit davon stand früher der historische Alte Sandkrug. Ende Januar 1945, als Memel unterging, fiel auch er in Trümmer. Der einstige kahle Sandhügel ist jetzt bewachsen.

Ganz in der Nähe ist der Anleger für die planmäßige Fähre. Dahinter ein großer Parkplatz, eine gepflegte Anlage mit viel Grün und blühenden Büschen. Dieses ist eine sehr beliebte Verbindung. Wie Sandkrug in früherer Zeit, so ist heute Smiltynė ein beliebter Bade- und Erholungsort. In den Sommermonaten ist der breite, feinsandige Strand geradezu übervölkert.

Auch jetzt ist der Betrieb rege. Doch viele Passagiere haben ein anderes Ziel: das berühmte Meeresmuseum auf der Süderspitze. Bis dorthin führen eine Teerstraße und ein breiter Fußweg. Auch das Ufer ist durchweg betoniert.

Das Passagierschiff bringt uns ein gutes Stück näher an das attraktive Ziel heran. Wir gleiten an drei aufgedockten Schiffen vorbei. Sie gehören zu einem Naturkundemuseum und stammen aus dem Memeler Hafen. Auch ein Keitelkahn steht dort. An seinem Mastende entdecke ich, wonach ich schon so lange Ausschau gehalten habe: einen Original-Kurenwimpel.

Ganz in der Nähe in einem Freilichtmuseum mehrere reetgedeckte Katen, die zu einer alten Fischeransiedlung gehören. Fischfanggeräte und Alltagsgerät sollen dort ebenfalls zu sehen sein.

Kaum 200 Meter lang ist der Fußweg vom Anleger bis zu der breiten Mauer aus rotem Ziegel mit der Aufschrift: „Meeresmuseum — Aquarium“. Ein langer Tunnel führt durch die Kasematten des alten Nehrungsforts, das den litauischen Namen „Kopgalis“ (Dünenende) trägt. Hier ist der historische Teil des Museums untergebracht.

Dann aber stehen wir vor dem beherrschenden Mittelpunkt dieser großen Anlage. Das ist der gewaltige Rundbau der eigentlichen Verteidigungsanlage der Bastei. Außerhalb befinden sich rings um die Mauer offene Becken, in denen Robben ihre possierlichen und intelligenten Spiele treiben.

Im Inneren wird die Meeresfauna gezeigt. In der Mitte tief unten ein Brackwasserbecken mit Fischen aus dem heimatlichen Bereich. An den Wänden unzählige Aquarien hinter Schau-Fenstern. Dort leben Fische aus der Ostsee und aus fernen Meeren, Süßwasser- und Dornenfische, auch Schildkröten im wohltemperierten und aufbereiteten Wasser entsprechend ihrer Herkunft.

Besonders beliebt beim Publikum sind die Pinguine. Sechs ihrer Artgenossen aus Feuerland waren die ersten Insassen. Jetzt sind dort Kaiser-, Brillen- und Felsenpinguine beheimatet. In ihren weißen Fräcken und den weißen Hemden stehen sie selbstbewußt und stocksteif da, als wüßten sie, daß sie die Stars sind. Viele Exponate, anschauliche Dioramen ergänzen die beeindruckende Schau.

Manchmal kommen täglich bis zu 10 000 Besucher. Jährlich sind es 500 000. Seit der Eröffnung 1979 waren bereits über drei Millionen Menschen im „größten maritimen Museum der Sowjetunion“.

Sechs Jahre dauerte der Umbau, und man kann nur sagen, daß er gelungen ist. Das mag die beste Umgestaltung einer alten Festungskaserne überhaupt sein. Blitzsauber, übersichtlich angeordnet, liebevoll gestaltet, verdient das Meeresmuseum die Note eins.

30 wissenschaftliche Mitarbeiter sind dort tätig. Insgesamt be-

schäftigt das Institut 100 Leute. Und immer noch geht der Ausbau weiter. „Wir hatten zwei Fachleute nach Duisburg geschickt, damit sie sich das dortige Aquarium ansehen. Jetzt haben wir neue Ideen, wie unser Museum noch verbessert werden kann“, berichtet Oberbürgermeister Alfonsas Zalys. „Dieses Meeresmuseum ist sein Werk“, verrät unsere Führerin.

Von den hohen Wällen über dem weiten Ring der Kasematten geht der Blick auf die Ostsee und über das Tief. Keine 500 Meter mehr, dann mündet der Riesengraben, der diesen schmalen Landstreifen vom Festland drüben trennt, in das Meer, dann hat die Nehrung ihr Ende.

Dort, im Norden, sehen wir nun auch den hohen Leuchtturm. Er trägt dunkle und weiße Ringe, und der Aufbau mit dem Blinkfeuer ist leuchtend rot gestrichen. Hinter ihm sind hellglänzende Rundbauten zu erkennen, wohl Öltanks.

Noch einmal der „Sandkrug-Blick“ vom Schiff, das uns zurückträgt: Acht Kilometer — soweit das Auge reicht — nur Hafenanlagen, Kräne, Werften, Docks, Schiffe bis hinunter nach Schmelz,

Der alte Gasthof „Sandkrug“.

wo die klaren Umrisse im starken Gegenlicht sich verwischen. Von der Stadt dahinter so gut wie nichts zu sehen, schon gar nicht die einst vertrauten markanten Kirchtürme.

Dennoch: Es ist beeindruckend, was da vor uns ausgebreitet liegt wie ein stählernes, blitzendes Band von überdimensionaler Größe. In dieser Art mag der Memeler Hafen seinesgleichen suchen.

Wir gleiten die Dange hinauf. Jetzt werden die Bauten bekannter, anheimelnder. Schließlich sind es nur noch Häuser aus der alten Zeit. „Raiffeisen" scheint uns der rotbraune Speicher wie ehedem entgegenzurufen, als wir anlegen. Es ist, als ob wir nach langer Reise in der Vergangenheit gelandet sind.

Und wieder gehen wir den schon vertrauten Weg. Vorbei am historischen Rathaus, rechts die Libauer Straße, wo bald die Allee der Alexanderstraße einmündet. Passanten eilen an uns vorbei. Sie scheinen nicht mehr verwundert auf uns zu blicken, wie wir am Anfang meinten. Fast könnte man denken, wir gehörten zusammen.

Dies ist keine fremde Stadt mehr. Dies ist auch nicht nur ein Ort, in dem man sich wohlfühlen kann. Dies ist Zuhause, dies ist Heimat. Dieses Gefühl hat das Herz erwärmnt, noch ehe der Verstand recht begriffen hat.

Memel —
„Ja, hier könnte ich leben!“

Ja, hier könnte ich wohnen! Das ist das höchste Zeugnis, das man ausstellen kann. Der Grund ist nicht eine hinreißende Schönheit, sind nicht Reichtum und Überfluß, auch nicht überschäumende Lebensfreude und verlockende Angebote — es ist schlicht und einfach die beglückende Empfindung daheim zu sein, die das Gemüt bewegt, mag auch die Vernunft davon unberührt bleiben.

„Hier könnte ich bleiben!“ Natürlich ist das nicht ernstgemeint — die äußeren Bedingungen sind allzu verschieden von dem Leben, das wir nun längst gewohnt sind. Aber warum kommen einem solche Gedanken?

Und wenn es einer wirklich tun will? Fragen wir unsere Reiseleitung: „Was ist, wenn ein Bürger der Bundesrepublik Deutschland hierher ziehen möchte? Ist das überhaupt möglich?“

Ein wenig erstaunt blickt sie schon, ehe sie lächelnd antwortet: „In dem Falle muß der Betreffende ein Gesuch an unsere Regierung richten. Dort, in Moskau, wird dann darüber entschieden. Es ist bereits vorgekommen, daß jemand aus der Bundesrepublik in die Sowjetunion gekommen ist.“

Später, als wir in einer größeren Gruppe zusammen sind, sprechen wir miteinander über diese Frage. Das ist sicher kein Zufall. Memel hat die Herzen, vor allem seiner ehemaligen Mitbürger, berührt.

„Wenn mein Vater noch lebte“, sagt einer, „der würde sagen: Sofort zurück!“ Und die Jüngste in unserer Runde meint: „Ja, ich könnte mir vorstellen, in dieser Stadt zu leben. Sie ist schön. Mir gefällt sie.“ Noch vor zwei Tagen wußten sie nicht, wie es jetzt hier aussieht, und heute machen sie ihr das größte Kompliment.

Nein, mit dem Verstand ist das nicht zu fassen; auch mit vielleicht überschwenglichem Heimatgefühl hat das kaum etwas zu tun. Hier brach eine Liebe auf, die nicht fragt nach Sinn und Zweck, die einfach da ist; Liebe, die in den Winkeln einer alten Stadt keimte, die die Sonne am heimatlichen Strand weckte, die auf der grünen Nehrung das Herz bewegte und die im Umgang mit den Bewohnern von heute erstaunlich gedieh — die ein Geheimnis für jeden bleiben wird, der nicht da war in dieser Stadt.

Herzbewegendes war geschehen. So auf dem Folklore-Abend im Konservatorium. Studenten musizierten unter Leitung ihres Direktors. Es war Volksmusik auf hohem künstlerischem Niveau, ein mitreißender Querschnitt durch die litauische populäre Klangwelt. Die Zuhörer aus dem Westen Deutschlands waren begeistert, zumal sie wußten, daß die jungen Künstler nur für sie musizierten. Denn es war eine Sondervorstellung für die ersten Gäste aus der Bundesrepublik.

Beifall ohne Ende. Dann stand eine Mitreisende — Christel Hildebrandt, geborene Sprogies — plötzlich auf der Bühne. „Ich bin sehr bewegt", sagte sie. „Dieses war einst meine Schule. Sie hieß damals Auguste-Viktoria-Schule. Im Jahre 1943 habe ich mein Abitur gemacht. Dieser Konzertsaal hier war unsere Aula. Ich erkenne noch die Orgel, auch die Holztäfelung. Das stimmt mich froh.

Meine Schule, an der soviel Erinnerungen hängen, lebt noch. Hier wird weiter unterrichtet, und das mit großem Erfolg, wie wir heute abend erlebt haben. Ich glaube, ich spreche im Namen aller Gäste, wenn ich Ihnen sage, wie dankbar wir sind. Machen Sie weiter so! Ich wünsche Ihnen viel Glück für Ihre Zukunft!"

Dann sagte sie das noch einmal auf litauisch, ganz langsam und so weit die Sprachkenntnisse von einst es zuließen. Beifall, Händedrücke; manche mit Tränen in den Augen. Noch als die Gäste hinausgingen, wurden sie mit Applaus, Liedern und Tänzen verabschiedet.

Ein anderer Mitreisender berichtet: „Nach 28 Jahren — 1959 bin ich ausgesiedelt — habe ich meine Straße noch wiedererkannt. Insgesamt aber hat sich Memel sehr verändert. Und ich muß sagen, nicht zum Nachteil. Ich bin auch angenehm überrascht, daß die Menschen ziemlich gut leben. Sie sind doch recht zufrieden. Nur über die Wohnungsnot klagen sie.

Ich habe acht Geschwister besucht und über 30 Angehörige getroffen. Da die Kinder kaum noch deutsch sprechen, haben wir uns überwiegend auf litauisch verständigt. Leider wird in den meisten Familien immer weniger deutsch gesprochen, je mehr die Kinder in der Schule und auf der Straße litauisch reden. Das ist eine Entwicklung, die auch aus dem südlichen, polnischen Ostpreußen bekannt ist. Erfreulich ist, daß — wie ich gehört habe — auf den Schulen Deutsch als beliebteste Fremdsprache gilt."

„Werden Sie wieder nach Memel fahren?"

„Wenn ich länger hier bleiben könnte, dann auf jeden Fall. Aber für zwei Tage soviel Umstände und soviel Geld. Das überlegt man sich natürlich. Dann fahre ich vielleicht erst wieder in einigen Jahren."

„In der Zeit kann sich viel ändern", meine ich, an die vielen hoffnungsvollen Hinweise und Auskünfte denkend. „Inzwischen fahren eventuell auch Ihre Verwandten zu Ihnen in die Bundesrepublik."

Er wiegt bedenklich den Kopf. „Die möchten schon gern kommen. Denn was sie alle grundsätzlich am meisten vermissen, das ist die Freiheit, zu reisen, wohin man will. Aber so eine Fahrt von Memel nach Westdeutschland kostet mindestens eintausend Rubel. Und da ist viel Aufwand mit den ganzen Formalitäten. Das ist sehr viel Geld für hiesige Verhältnisse. Dennoch hoffen wir auch auf ein Wiedersehen bei uns zu Hause."

„Kann ja auch sein, daß die Verwandten ganz nach drüben wollen. Aussiedeln", werfe ich ein.

„Nein", antwortet er, „das will keiner von ihnen. Ich habe sie gefragt, nicht nur einmal. Sie wollen alle hierbleiben. Sie fühlen sich wohl hier, auch jene, die schon drüben waren. ‚Dort bei euch gehen uns zwar die Augen über', sagen sie, ‚aber leben möchten wir doch in Memel.' Naja, hier haben sie ihre Kinder und Enkelkinder. Außerdem ist es die Heimat. Und Heimat gibt es eben nur an einem Platz."

„Woran liegt es dann wohl, daß im polnischen Bereich so viele aussiedeln wollen, fast jeder, den man dort trifft, während hier diese Frage anscheinend so gut wie gar keine Rolle spielt?"

„Ich denke, einmal liegt es an Memel. Dies ist — auch als Klaipéda — eine Stadt, in der man sich zu Hause fühlen kann. Sie — diese Stadt — bräuchten die Deutschen bestimmt nicht wieder abzureißen, wenn sie jemals erneut hierher kommen sollten. Nicht so wie sie es vielleicht im polnischen Teil möchten, wo — bis auf wenige rühmliche Ausnahmen — die eintönigen Betonklötze unsere alten Stadtkerne völlig verfremdet haben.

Und dann ist da noch ein großer Unterschied, vielleicht der entscheidende. Hier ist der Deutsche ein voll akzeptiertes Mitglied der Gemeinschaft; dort — in Polen — existiert er offiziell gar nicht, obwohl doch jeder weiß, daß noch eine Million Deutschstämmige dort wohnen. Dazu kommt, daß auch im menschlichen Bereich die Dinge hier anders liegen als dort. Deutsche und Litauer haben keine Probleme miteinander, verstehen sich, machen keine Unterschiede. Das ist in Polen — bei allem Respekt vor den erheblichen Fortschritten und vor vielen ehrlichen Bemühungen — anders. Liegt wohl in der Natur der unterschiedlichen Herkunft und Völker. Ich denke, es ist überhaupt das Beste und Hoffnungsvollste, daß Deutsche und Litauer so gut miteinander leben."

Aber, da gibt es noch eine dritte große Volksgruppe in Litauen, weit größer als die deutsche. Das sind die Russen, die seit 1945 ins Land geströmt sind, überwiegend nicht ohne zielstrebige Planung. Von einer Begegnung mit ihnen berichtet eine Mitfahrerin.

„Ich bin noch am Ankunftsabend weggegangen, um zu sehen, wie mein Elternhaus aussieht. Es war schon Nacht, als ich in die Gegend vom Ferdinandsplatz kam. Und da stand es plötzlich vor mir! Was das für mich bedeutete, darüber möchte ich lieber schweigen. Bei der schwachen Beleuchtung sah das Haus gar nicht so schlecht aus.

Die ganze Nacht über habe ich kaum geschlafen und nur immer gedacht, wie es damals in dem Haus war — bei uns zu Hause! — und wie es wohl heute aussehen mag. Am nächsten Morgen machte ich mich gleich wieder auf den Weg. Nun, am hellichten Tag, wirkte das Haus eher alt und grau.

Ich faßte mir ein Herz und ging hinein. Das Treppenhaus sah verwohnt und vernachlässigt aus. Ich nahm all meinen Mut zusammen und klingelte an unserer früheren Wohnungstür.

Es öffnete eine Frau, eine Russin, wie ich gleich merkte. Glücklicherweise verstehe und spreche ich auch russisch, hatte aber Mühe damit, weil ich sehr aufgeregt war. „Bitte, kommen Sie doch herein!", forderte sie mich freundlich auf. Die Wohnung war sauber und ordentlich, ganz anders als das Treppenhaus. Im Flur hing Wäsche von den Kindern. Wir gingen hinein, und ich erklärte ihr, wo mein Zimmer gewesen war und wie wir, meine Eltern und ich, dort gewohnt hatten.

‚Jaja', sagte sie. ‚Das waren andere Zeiten! Da gab es für drei Personen drei Zimmer. Jeder hatte seinen eigenen Raum. Heute gibt es ein Zimmer für eine ganze Familie. Da ist nun mal kein anderer Ausweg jetzt.' Ich rechnete nach: Früher lebten in dem Haus meiner Eltern sechs Familien in sechs Drei-Zimmer-Wohnungen. Heute müssen demnach in dreimal sechs, also achtzehn Zimmern, auch achtzehn Familien — vielleicht auch mal eine Einzelperson — untergebracht sein.

Aus Dankbarkeit, daß ich mein altes Zuhause sehen durfte, und wohl auch ein bißchen aus Mitleid, zog ich ein kleines Geschenk aus der Tasche und hielt es ihr hin. ‚Nein, nein!' wehrte sie ab. ‚Ich habe Ihnen gern das Zimmer gezeigt, weil es doch Ihre Wohnung war; aber dafür ein Geschenk! Nein, das wäre mir peinlich!'

So reichten sie sich die Hände und lächelten zum Abschied.

Über die Wohnungsnot klagte auch die Anverwandte eines Besuchers. „Das ist das Schlimmste hier", sagte sie. Obwohl sie im eigenen Häuschen lebt, ist der Raum, der ihr bleibt, nur kümmerlich. „Da nützt auch kein Geld! Sieh mal, meine Kinder haben drei Autos. Doch wenn sie sich eine Wohnung kaufen wollen, heißt es nur immer: ‚Geduld! Geduld! Sie müssen noch warten!' So warten sie Jahre und Jahrzehnte."

„Als ich meine Schwägerin nach 43 Jahren wiedersah, da habe ich zum erstenmal hier geweint", berichtet die Mitfahrerin. „Was war das einmal für ein schönes Mädchen! Und jetzt? Sie hat viel durchmachen müssen. Das hat tiefe Spuren hinterlassen. Wir lagen uns in den Armen und konnten das alles nicht fassen. Dennoch ist meine Schwägerin nicht verbittert; aber sie nimmt kein Blatt vor den Mund. So schimpft sie auch über die allgemeine Versorgungslage. ‚Wenn ich nicht mein eigenes Gemüse und eure Hilfe von drüben (damit meint sie Geschenke und Mitbringsel bei früheren Treffen außerhalb Memels und anläßlich eines eigenen Besuchs in der Bundesrepublik) hätte, würde es mir ganz schlecht gehen', klagt sie. ‚Wir kriegen nichts Vernünftiges.' Trotzdem wollte sie mich unbedingt verwöhnen", schließt lächelnd die Besucherin.

Das Leben im heutigen Memel

Nein, mit dem Westen und seiner Überflußgesellschaft sollte man die Verhältnisse im Osten nicht vergleichen, auch nicht in Memel, wo manches so viel besser aussieht. Alles ist relativ.

Wir fragen unsere Reiseleiterin. „Wie steht es mit der Versorgung bei Ihnen?"

„Oh, da habe ich keine Probleme", antwortet sie. „Nur bei Importsachen gibt es manchmal Engpässe. Wenn ich zum Beispiel unbedingt Schuhe aus Jugoslawien haben will, dann kann es sein, daß ich keine bekommen. Aber ist das ein Grund zur Aufregung?"

Nein, das ist es gewiß nicht! Ohne jugoslawische Schuhe kann man leben, sogar gehen. „Hat sich die Lage in den letzten Jahren geändert?" Ich denke an eine mögliche Perestroika auf dem Wirtschaftssektor.

„Nein, das kann ich nicht behaupten", lautet die Antwort. „Aber wie gesagt, ich kann nicht klagen."

Nun, das ist ebenfalls relativ, je nach Stellung, Einkommen, Position des Ehemannes. Auch nach der Örtlichkeit oder gar dem Land. „Wie beurteilen Sie die Lage im Vergleich zu Polen", frage ich.

Die Antwort ist eindeutig: „Bei uns ist sie entschieden besser. Die Polen kommen doch zu uns rüber, um einzukaufen. Manchmal mehr, als uns lieb ist. Wir haben ja ein ganzes Stück eine gemeinsame Grenze."

Alles in allem kann man wohl sagen, daß der Lebensstandard in Litauen über dem östlichen Durchschnitt liegt. Die Grundbedürfnisse sind im großen und ganzen befriedigt. Die Dinge, die das Dasein verschönen, sind dagegen Mangelware. Die wenigen Geschäfte haben nur ein geringes Angebot. So ist Einkauf oft Glückssache. Das jedoch gehört drüben überall zum täglichen Leben. Westliche Maßstäbe können da nicht angelegt werden. Ganz außer Frage steht, daß das Bild auch auf diesem Gebiet in Litauen und speziell in Memel erfreulicher als anderswo und auch als erwartet für den Besucher aus dem Westen ist.

„Wie lebt man als Deutscher im heutigen Memel?“ Auf diese Frage kommt dann auch eine eindeutige Antwort: „Wir leben wie alle hier, wie Litauer, wie Russen, wie Deutsche.“

Das gilt für das Materielle wie für das menschliche Verhältnis. „Wir verstehen uns gut mit den Litauern“, bestätigt auch Elsa Karwuhl, die Frau des ältesten Deutschen in Memel. „Meine Nachbarin ist eine Litauerin, und sie ist herzensgut. Na, wir sind gut, dann ist sie es auch.“ Alles beruht auf Gegenseitigkeit. „Und dieselben Rechte haben wir sowieso!“

Sie haben auch noch manche Bekannte unter den Deutschen; einige wohnen auf dem Lande, so in Prökuls. „Nein, nein, so richtige Zusammenkünfte für Deutsche haben wir nicht. Auch keinen besonderen Treffpunkt. Sie hören doch, wir sind alle gleich.“

Es gibt in Memel nur einen „Interclub“. Der ist aber im wesentlichen für ausländische Gäste gedacht. Einen extra Klub für eine bestimmte Nationalität gibt es nicht, also auch nicht für die Deutschen.

Hans Karwuhl, mit 83 wohl nicht nur der älteste Deutsche in Memel, sondern vielleicht gar der Älteste in der jungen Stadt überhaupt, auf die Frage: „Wenn Sie an das frühere Memel denken, wie hat sich die Stadt verändert?“

„Oh, da ist vieles anders geworden“, antwortet er, des Lobes voll, „die vielen schönen Neubauten! Auch die Altstadt — alles neu. Die ist noch besser aufgestellt, wie es war.“

Auch mit dem anderen Namen haben sie sich abgefunden. Nicht nur jene, die dort geblieben sind.

„Ich habe gegen Klaipéda nichts einzuwenden“, meint eine Mitreisende aus dem früheren Memel. „Mir war der Name schon damals geläufig. Die Litauer gebrauchten ihn bereits zur Zeit meiner Kindheit. Schließlich ist das auch kein anstößiger oder provozierender Name. Klaipéda heißt nämlich wörtlich Brotesser, jedenfalls nach der gebräuchlichsten Auslegung. Und — sind wir nicht alle Menschen, die ihr täglich' Brot essen, wie wir es erbitten?“

Abschiedsblick auf Memel/Klaipéda. Aus der Vogelperspektive zeigt sich die Stadt — die alte wie die neue — klarer und übersichtlicher, als es vom Boden aus möglich ist, selbst für den angestammten Bewohner. Auch diese Sicht ist neu. Die Panorama-Fenster unseres Hotelturms ermöglichen sie.

Da liegt dicht vor uns unten das unverkennbare Gebäude der Königin-Luise-Schule. Gelbes Mauerwerk und rotes, gebrochenes Dach. Die Frontseite, hohe Fenster mit Rundbögen, halb verdeckt von hochgewachsenen Laubbäumen. Dahinter ebenfalls Baumbestand, der wie ein mächtiger Grüngürtel die alte Wohn- und Geschäftsstadt abtrennt von Industriebauten, die wiederum begrenzt werden von dem mächtigen Spalier der Kräne des Hafens. Wir sehen bis auf das Tief und seine Mündung in die Ostsee, die den ganzen Hintergrund einnimmt. In sie hinein ragt die grüne Süderspitze der Kurischen Nehrung. Ein unvergeßliches Bild!

Ein wenig weiter nach rechts läuft die Alexanderstraße, greifbar nahe, auf uns zu. Sie liegt da wie ein leuchtendes Band, das die Innenstadt mit dem unbebauten, meist bewaldeten Gelände am Stadtrand verknüpft. Rechts und links der Baumreihen, aus deren Kronen Peitschenlampen hervorlugen, Häuser aus der alten Zeit, so unterschiedlich in Höhe und Bauweise, wie es für Memel typisch war. Weiter links und rechts einige Neubauten, die sich recht gut in das gewohnte Bild einfügen. Überragt aber wird alles von dem hohen, schlanken Turm der Post. Von hier aus ist ganz deutlich das Gerüst zu sehen, das — wie wir inzwischen wissen — für den Einbau der Glocken aus Thüringen bestimmt ist.

Wieder ein Stück weiter im Uhrzeigersinn sind fast nur Neubauten zu sehen. Hier, zwischen zwei baumbestandenen Straßenzügen, scheint der Krieg eine breite Schneise gehauen zu haben. Die wenigen Häuser aus früherer Zeit heben sich deutlich durch ihre Spitzdächer von den neuen Flachdachbauten ab. Auch haben sie meistens einen Anstrich — gelb, bräunlich, weiß — während die „Neulinge“ im roten Backstein glänzen. Im Hintergrund erste Hochhäuser, nicht mehr weit vom Meer, das graublau herüberblinkt.

Dann kommt der vielleicht beeindruckendste Blick: Rote Ziegeldächer nehmen fast das gesamte Bild ein. Sie decken große, langgestreckte Gebäude, durchweg aus den früheren Jahren. Hier hat offenbar der Krieg keine Lücken geschlagen. Das Auf und Ab der

Dächer mutet an wie eine Terrassenlandschaft. Das ist unverändertes Memel. Ganz im Hintergrund wachsen Hochhäuser aus einer grünen Landschaft. Das könnte das neue Waldviertel an der Plantage sein.

Am Ende schließt sich der Ring mit dem Blick auf Schornsteine und Fertigungshallen des Industriebezirks. Aber auch dort im Vordergrund Bauten des alten Memel und weit hinten Wohnriesen von Klaipéda.

Der Rundblick enthüllt und bestätigt: Dieses ist keine Stadt der Paläste und Kathedralen, keine urbane Kostbarkeit, auch nicht ein historisches Juwel oder ein reiches Gemeinwesen. Memel war immer schon eine schlichte, exponiert gelegene Hafenstadt, aber voller Leben und Geschäftigkeit, harmonisch gestaltet, ein Ort, in dem sich seine Bewohner wohlfühlten, wo es sich gut leben ließ. Und das trotz aller schweren Schicksalsschläge — oder gerade deswegen?

Ein Großbrand hatte im Oktober des Jahres 1854 das alte Memel vernichtet. Seine Bewohner bauten eine neue Stadt auf, ohne Holzhäuser, modern, gradlinig, zweckmäßig. Sie stand nicht einmal einhundert Jahre. 1945 vernichtete der große Krieg den Kern, die Altstadt. 40 Jahre später ist dieses Memel zum großen Teil wiedererstanden, vergrößert um ein Vielfaches rund um das alte Zentrum.

Auch dieses Memel kann sich sehen lassen, ist eine lebendige Großstadt, ein guter Ort zum Wohnen und Leben. Das ist es, was den Schmerz mildert beim Ankommen, was ihn vielleicht gar tilgt beim Abschied. Die Veränderung hat das Bewahrte nicht überwuchert. Beides gedeiht gut nebeneinander. Dies ist noch Memel, und dies bleibt auch Memel. Es war ein Wiedersehen, das sich gelohnt hat und das sich weiter lohnen wird.

Der Mensch ist nur begrenzt aufnahmefähig. Stürmt zuviel in kurzer Zeit auf ihn ein, nimmt er schließlich gar nichts mehr wahr. Ist die Fülle der Eindrücke und Erlebnisse zu groß, existiert nichts anderes für ihn. So ging es uns: Wir fuhren stadtauswärts und nahmen nichts wahr. Nichts blieb haften von Gebäuden und Straßen, die wir doch schon kannten, von lebhaftem Verkehr und hastenden Passanten. Nur das Über-Erlebnis prägte die Erinnerung.

Eine alte Abbildung der Memeler Hauptpost mit ihrem markanten Turm in der Alexanderstraße.

Erst als wir das Schild “Klaipéda-Ende“ sehen, begreifen wir, daß wir Memel verlassen haben. Aber wir spüren auch, daß es kein Abschied für immer ist. Wir nehmen sie ja mit, diese außergewöhnliche Stadt. Nicht nur das Gedenken an ein bewegendes Wiedersehen, an erbauliche Anblicke, an ereignisreiche Stunden und Tage. Da ist etwas im Herzen, was wärmt und froh macht. Memel war eine große Beglückung und wird es bleiben — das spüren wir, und wir werden es noch lange in uns tragen. Vielleicht begreifen wir erst in Tagen oder Wochen, womöglich viel, viel später, wie wir beschenkt worden sind, was das alles bedeutet.

Nimmersatt — Auf der Suche nach dem nördlichsten Dorf

Die Fahrt geht nun nordwärts. Die letzte Strecke des Memellandes liegt vor uns. Schon hat wieder eine Baumallee den Bus aufgenommen. Aber wir rollen nur eine kurze Strecke durch den grünen Tunnel. Dann, etwa zwischen Groß Tauerlauken und Purmallen, gibt es keine Bäume mehr. Sie mußten einer Straßenverbreiterung weichen. Die Arbeiten sind noch voll im Gange. Wir holpern über eine staubige Umleitung.

Endlich geht es zurück auf die Teerchaussee. Allmählich wächst wieder die Spannung. Ich möchte so gern Nimmersatt sehen. Das war einmal Deutschlands nördlichstes Dorf. Nur 18 Kilometer sind es bis dort von Memel. Werden wir es finden?

Zweifel kommen auf; denn auf den neuen Karten ist es nicht mehr verzeichnet. Ich habe die ganze Begleitung mobil gemacht; aber niemand kann den Namen „Nemerzatė" entdecken, wie es in der anderen Sprache heißt. Da das Dorf unmittelbar vor dem litauischen Bad Polangen (Palanga) war, liegt es nahe, daß es nach dort eingemeindet wurde. Schließlich wurden überall — in West wie in Ost — größere kommunale Einheiten gebildet. Soll es also kein Wiedersehen mit Nimmersatt geben, überhaupt nie mehr?

Die Gegend ist nur schwach besiedelt. Geschlossene Ortschaften passieren wir überhaupt nicht. Dann und wann ein Gehöft, unverkennbar aus deutscher Zeit. Meistens ist es bewohnt, soweit es vom fahrenden Bus aus zu erkennen ist. Das Gelände ist hügelig geworden; es hat nur zaghaften Baumbestand.

Erst als die alte Reichsstraße 132 eine Biegung nach Westen macht, beginnt bald danach ein dichter Wald. Jetzt müsen wir ganz nahe an der Ostsee sein. Auch Nimmersatt kann nun nicht mehr fern sein.

Bilder der Erinnerung tauchen auf: Schäumende Wellen, die gegen einen feinsandigen Strand rollen. Auf der grasbewachsenen, von einzelnem Gestrüpp bestandenen flachen Düne liegt ein Boot, davor ein paar Netze. Denn Fischer haben hier ihr Zuhause.

Überall im Sand ist fröhliches Treiben der Badenden. Sie bauen Burgen, spielen, tollen im Wasser oder liegen in der Sonne, die es in diesen Breiten gut mit Land und Leuten meint.

Aber — das alles geschah im wahrsten Sinne des Wortes nicht unbegrenzt. An einer bestimmten Stelle hörte der muntere Betrieb radikal auf. Dahinter Leere, war niemand — außer einem Posten, der jenseits des Schlagbaums patroullierte. Dort begann eine andere Welt.

Nicht weit davon war ein Grenzstein. Deutsche und russische Wachen standen sich dort jahrhundertelang gegenüber; an der Straße beiderseits Zollhäuser. Kaum jemals sonst in Europa gab es dieses so lange unveränderte Bild. Hier war eine der beständigsten Grenzen überhaupt.

1422, im Frieden von Melnosee, — 70 Jahre, bevor Christoph Kolumbus Amerika entdeckte — wurde die deutsche Ostgrenze festgelegt, die bis 1945 unverändert bestand. Hier — gegenüber Litauen — allerdings war sie nach dem Versailler Vertrag 1919 und durch die Annektion des Nachbarlandes 1923 bis 1939 aufgehoben.

Wir sind also auf bedeutendem historischem Boden. Aber zu merken ist davon anscheinend nichts mehr. Natürlich, seit 1945 gibt es hier keine Grenze mehr, gehört das ganze Memelland zur Sowjet-Republik Litauen. Aber es müßte doch etwas vom alten Nimmersatt zu sehen sein, wenn auch nichts mehr von der mehr als 500 Jahre alten Trennungslinie — wobei festgehalten zu werden verdient, daß hier nicht immer feindliche Lager auseinandergehalten wurden. Sogar meistens nicht.

Denn Preußen und Russen hatten weithin ein hervorragendes Verhältnis, pflegten die Zusammenarbeit und waren eine Zeitlang sogar militärische Verbündete. Und Deutsche und Litauer verstanden sich durchaus — bis die dramatische und unglückselige Entwicklung nach dem Ersten Weltkrieg alles änderte und schließlich vernichtete.

„Palanga“ — wir sind bereits in Polangen, dem bekannten Badeort. Haben wir Nimmersatt verpaßt, oder kommt es doch noch? Suchende Blicke rundum. Ein paar Häuser; aber es sind durchweg

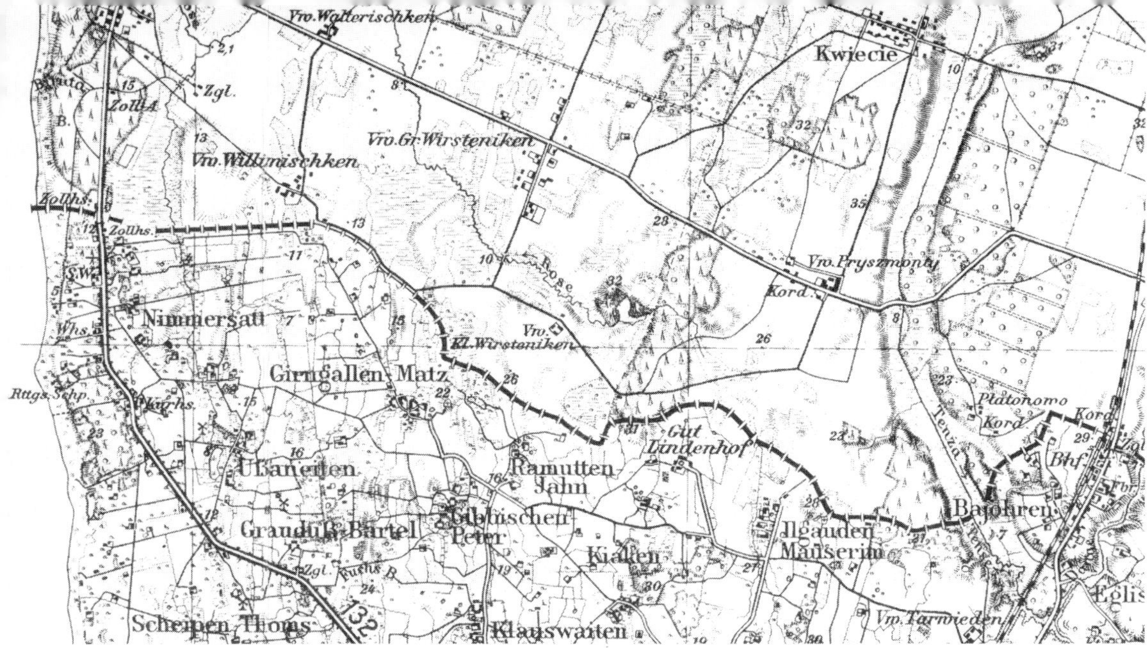

Die nördlichst gelegene Gemeinde Deutschlands war das Dorf Nimmersatt. Seit jeher eine wichtige Poststation und Ausgangsort der Poststraße von Preußen nach Rußland. Eine Wegetafel an der Grenze trug die Aufschrift: „Immersatt und Nimmersatt, wo das Deutsche Reich ein Ende hat.“ König Wilhelm IV. war nämlich einst im Grenzposthaus vortrefflich bewirtet worden und hätte diesem in launiger Abwandlung des Ortsnamens den Namen „Immersatt“ gegeben. — Auf der anderen Grenzseite befand sich nicht weit entfernt das Seebad Polangen, das sich, je nach politischer Situation, regen litauischen oder russischen Zuspruchs erfreute. Zu friedlichen Zeiten fuhren auch viele Deutsche über Nimmersatt nach Bad Polangen, um dort entsprechend dem Währungsgefälle einen preisgünstigen Urlaub zu verleben. Unser altes Bild zeigt den Grenzschlagbaum, in diesem Fall zur russischen Grenze.

Neubauten. Das kann nicht das alte Dorf sein; sicher sind wir bereits im neuen Polangen.

„Was sollen wir tun?“, fragt die Reiseleiterin.

Für mich gibt es nur eine Antwort: „Umdrehen! Es muß hier sein!“

Der Bus wendet. Langsam, rollt er zurück. Doch so sehr wir uns auch anstrengen, da ist kein Nimmersatt zu sehen. Kein Haus, schon gar kein Dorf aus alter Zeit.

Eine Ausbuchtung kommt in Sicht, offenbar eine Bushaltestelle.

„Es hat keinen Sinn“, stellt die Reiseleiterin fest. „Da ist nichts. Wir müssen umkehren. Die Zeit drängt.“

An der Haltestelle stoppen wir. Unsere Begleitung steigt aus, geht zu einem Mast, an dem eine Tafel hängt, vermutlich ein Fahrplan.

Plötzlich winkt sie mir zu, zeigt auf das Brett. Ich eile hinaus, blicke auf die weiße Fläche mit den schwarzen Strichen und Schriften. Und da steht es ganz oben:

„Nimerseta“ — wir sind in Nimmersatt, haben es tatsächlich noch gefunden.

Jedenfalls den Namen, diesen eigentümlichen und scheinbar beziehungsvollen Namen, der hier allerdings anders als früher gewohnt (Nemerzatė) notiert ist. Paßt offenbar zu den Brotessern oder gar Brotfressern Klaipėdas. Doch seine Bedeutung ist viel nüchterner. Er stammt, wie so viele Bezeichnungen hier, aus dem Baltischen, das wiederum oftmals Altpreußisches, Lettisches und Kurisches enthielt. Danach war „Nimer“ (Nemer) ein Eigenname, und „seta“ (zatė) hieß Ort. So war es das Dorf der Nimers (Nemers), unabhängig davon, ob sie nun einen großen Appetit hatten oder nicht.

Nun steigen alle aus. Endlich entdeckt, was wir so lange gesucht haben; dann wollen wir es auch sehen. Aber — was ist da zu sehen? Das alte Nimmersatt gewiß nicht. Denn die Häuserzeile nahe der Straße ist neueren Datums. Graue Schindelbauten, Wellblech auf den Dächern, ein Bau wie der andere. Zu erblicken ist niemand. Wir gehen auf die Rückseite, die viel erfreulicher wirkt. Kleine Dächer über den Eingängen, Holzzäune, Blumen, Rasen. Davor weißstämmige Birken.

Auf einem Plattenweg kommen junge Frauen, schieben einen

„Nimerseta" — Nimmersatt. Dieses Bus-Fahrplanschild zeigt, daß wenigstens der Name des einst nördlichsten Dorfes Deutschlands erhalten geblieben ist.

Kinderwagen. ‚Nein, fotografiert werden wollen wir nicht', sagen ihre abwehrenden Gebärden. Auf der anderen Seite, mehr auf einer Wiese, stehen Schuppen oder Ställe. Eine Frau hängt Wäsche auf. Wir wenden uns ihr zu; aber sie zeigt auf einen Mann, der von den Häusern herbeieilt.

„Guten Tag!" sagt er.

„Guten Tag", wünschen wir auch und fragen: „Sie sprechen deutsch? Sind Sie ein Deutscher?"

Er schüttelt den Kopf. „Nein, nein! Hier gibt es keine Deutschen mehr. Sie sind alle in den fünfziger Jahren raus. In den Westen."

„Und was ist mit Nimmersatt?"

„Oh, das gibt es auch nicht mehr. Alles Palanga. Nur diese Häuser, diese Busstation."

„Da fahren so viele Busse nach Klaipéda", sagen wir. Wir haben das auf dem Fahrplan gelesen. „Wie kommt das, wo Sie doch so dicht an Polangen wohnen?"

Er lacht. „In Palanga badet man. Gearbeitet wird in Klaipéda."

„Nimmersatt — wo das Deutsche Reich ein Ende hat", haben wir früher gesagt. Heute hat nur noch unsere Reise hier ein Ende. Jedenfalls, soweit sie ihr eigentliches Ziel hatte: Memel und Memelland.

Noch einmal gibt es eine Erinnerung an Ostpreußen: In Polangen besuchen wir das Bernsteinmuseum im einstigen Grafenschloß. Nicht nur, daß der goldgelbe Glanz der ausgestellten Prachtstücke uns entzückt, daß die historische Darstellung immer wieder Wege in die heimatliche Provinz ausweist, daß Namen wie Samlandküste, Palmnicken und Königsberg das Herz höher schlagen lassen, da ist auch eine Extraschau über das legendäre Bernsteinzimmer, das seit dem Kriegsende verschwunden und nun von Geheimnissen umwittert ist.

Einige wenige Stücke aus dieser einzigartigen Sammlung, die einst der preußische König Friedrich Wilhelm I. Zar Peter dem Großen schenkte und das im Kriege (1942) nach Königsberg gebracht wurde, sind dort zu sehen. Bei der Auslagerung, so hören wir, hatten sie den Weg in das litauische Bad gefunden.

Die größte und wohl auch wertvollste der Pretiosen ist eine große Schatulle, ganz mit Bernstein besetzt und bereichert mit mancherlei Figuren und Aufsätzen aus dem gleichen Material. Kunstvolle Goldschmiedearbeiten und bewundernswerte Werke von Ziseleuren gehören ferner dazu.

Am längsten aber stehen wir vor dem großen Foto, das das einstige Bernsteinzimmer in voller Schönheit festgehalten hat. Ein großartiger Anblick. Noch mehr aber bedeutet die Erinnerung an das Original, das ich einst im Königsberger Schloß sehen durfte. War das eine Pracht!

Memel bleibt unsere Heimat

Und nun? Untergegangene Herrlichkeit? Alles verloren, nicht nur eine einzigartige Sammlung — das Schloß, die Stadt, die Provinz, die Heimat?

Seltsam, da ist nicht mehr die große Traurigkeit, die verzweifelte Hoffnungslosigkeit, das vehemente Aufbäumen. Im fünften Jahrzehnt nach Vertreibung und Flucht ist auch das Herz auf Distanz gegangen. Es blutet nicht mehr unter dem gnadenlosen Schlag. Oh, es spürt noch den Schmerz; aber es verzagt nicht mehr total oder begehrt unbändig auf. Es spürt wieder Wärme, die aus der Heimat strömt. Sie ist wieder nahe gerückt.

Da ist auch eine neue Generation, die sich auf die Reise nach dem alten Zuhause macht. Die Hauptbetroffenen der schrecklichen Zeit sind fast alle dahingegangen. Es sind die Kinder der Vertreibung, die jetzt im eigenen reifen Alter auf den Spuren der Vergangenheit wandeln. Es ist nicht verwunderlich, wenn sie zum Beispiel dort immer wieder und zuerst nach den Schulen fragen — sie waren ja Schüler, als ihre Welt zusammenbrach.

Das ist nicht mehr die Zeit der Tränen und des Zorns. Aber sie kommen auch nicht, um endgültig Abschied zu nehmen oder gleichgültig preiszugeben. Sie wollen mit wachen Augen sehen, wie es wirklich dort aussieht und möglichst auch erkennen, was tatsächlich einmal dort war. Dem Gefühl, alles oder nichts, ist der Wunsch nach nüchterner Selbsteinschätzung gefolgt.

Das ist nun auch eine neue Art des Reisens. Nach dem Heimweh-Tourismus nun das Heimat-Erlebnis. Nirgendwo war es kaum deutlicher zu spüren als hier, wo nach der langen Zeit endlich der Weg freigegeben wurde. Memel war so eine große und auch eine allseits positive Erfahrung. Niemand braucht sich mehr vor der Begegnung mit dem alten Zuhause zu fürchten. Sie reißt keine Wunden mehr, sondern sie heilt sie.

Oder sagen wir es so: Die Betroffenen der heutigen Generation haben sich gelöst von der niederdrückenden Last der politischen Gegebenheiten. Sie wollen das persönliche Erlebnis. Heimatgefühl, Suche nach der Heimat haben sich individualisiert. Das übergeordnete Geschehen bleibt der Geschichte überlassen, die allzeit im Fluß ist. Das ist wohl die beste Möglichkeit, die Heimat zu lieben, ohne sie zu besitzen. Sie zu bewahren, ohne sie zu riskieren. Auf sie zu warten, ohne zu verzagen.

Lehren der Heimat-Reisen heute! Das beglückende Memel-Erlebnis!

So war es denn leicht zu antworten, als in Polangen der Reporter von TASS, der amtlichen sowjetischen Nachrichtenagentur, die Frage stellte: „Welche Eindrücke hat Ihnen diese Reise vermittelt?"

„Ich bin sehr angetan von dem, was ich gesehen und erlebt habe", sage ich. „Die Aufbauleistung von Memel ist beispielhaft, die Restauration der Altstadt verdient größte Anerkennung. Ich bin besonders glücklich darüber, daß wir durch das Memelland von Schmalleningken bis Nimmersatt fahren konnten und vor allem, daß ich die Kurische Nehrung von Sandkrug bis Nidden sehen durfte. Daß überall fotografieren gestattet war, bedeutete für mich und wohl die meisten eine angenehme Überraschung.

Vor allem jedoch bin ich sehr berührt von dem guten menschlichen Kontakt, den wir stets hatten. Mit der Reiseleitung, deren Erklärungen sachlich waren und die unsere Wünsche zu erfüllen versuchte. Ganz besonders aber meine ich die Begegnung mit den Bewohnern, deren Freundlichkeit und Hilfsbereitschaft uns alle sehr beeindruckt haben. Ich glaube, das ist das beste Fundament, auf dem wir weiter bauen können.

So bin ich zufrieden, ja glücklich über diese Reise. Aber ich bin auch nüchtern genug zu sehen, daß das nur ein Anfang, vielleicht gar nur ein Versuch war. Darum wäre mein größter Wunsch, daß jetzt nicht lange gewartet wird, sondern daß diesem ersten Schritt bald der nächste und übernächste folgt. Wenn wir diesmal nur zwei Tage in Memel bleiben konnten, so sollten es demnächst drei und vier, eine ganze Woche und mehr sein.

Und — ich bin kühn genug, das nach dieser Erfahrung zu sagen und ernsthaft zu hoffen — nun sollten auch Reisen in die anderen bisherigen Sperrgebiete ermöglicht werden. Vielleicht zuerst nach Tilsit; dann etwa nach Insterburg, weiter nach den Ostseebädern an der Samlandküste und schließlich nach Königsberg.

Ich halte die Zeit für reif, daß dies geschieht, daß es bald kommt und daß auch Reisen in größerer Zahl durchgeführt werden. Und ich bin überzeugt davon, daß dies der beste Weg ist, Mißtrauen und Ressentiments abzubauen, eine ehrliche Verständigung herbeizuführen. Wenn die Menschen sich verstehen, werden es die Völker und die Politiker auch. Das ist ebenso für mich die große, beglückende Erfahrung dieser Memel-Reise."

Abschied auf dem kleinen Flughafen von Polangen. Hinter dem Absperrgitter stehen die zurückbleibenden Verwandten unserer Mitreisenden. Letzte Worte fliegen hin und her, während wir zum Zubringerbus gehen. Das Winken hat kein Ende. Aber es ist kein Abschied in Tränen. Aufmunternde Zurufe bestimmen eher die Szene.

Es sind die gleichen Menschen, die uns vor wenigen Tagen am Hotel „Klaipéda" in Memel empfangen haben. Und auch wir sind dieselben, die damals zu ihnen gekommen sind. Und dennoch: Es scheint sich alles geändert zu haben. Die Zeit der großen Trennung ist vorüber. Die Hoffnung auf ein Wiedersehen bleibt zurück, nehmen wir mit. Die Reise nach Memel war nicht das Ende, sondern ein neuer Anfang.

Eine Memelländerin, die mit dabei war, drückt es so aus:

> „Ich kam, um einen lieben Toten zu beweinen. Nun hat sich die Trauer in Freude verwandelt: Mein Memel lebt! Es ist keine verlorene Heimat. Die Stadt wird auch dieses überstehen. Ich bin nicht mit allem einverstanden, was ich gesehen habe. Manches hat mich sogar erbost; aber ich bin nicht deprimiert. Die Stadt wird das überleben wie andere Zeiten auch. Memel bleibt unsere Heimat."

Die Ruhe der Kurischen Nehrung wird auch heute geachtet und geschützt.